Cinco años
Y UN DÍA

Isabel Parera

Cinco años y un día

Primera edición: diciembre, 2014

© 2015, Isabel Parera

Diagramación y cubierta: Joel Alfaro Hernández
Fotografía de cubierta: Isabel Parera
Fotografía de contraportada: Maya Islas

Comentarios sobre la edición y el contenido de este libro a
isabelparera@yahoo.com

ISBN: 978-0-9909445-0-8

A las guerreras cubanas de ayer y de hoy.

a mi hermana y
compatriota Marta,
porque ella también
es una guerrera.
Un fuerte abrazo,
[signature]
6/2016.

DESDE MI SILLA DE RUEDAS

Soy una anciana de ochenta y nueve años. Hay días en que me duele hasta el pelo... pero todavía hay días para contar. En los últimos años, mi vida, que fue una de intenso quehacer, se limita a recorrer un camino obligado hacia adentro, donde me voy encontrando con memorias que luchan contra los escollos de la distancia y el tiempo.

El 30 de agosto de 1962 era la fecha clave. Se daría un levantamiento nacional. Casi sin dormir, la preocupación me acompañó hasta el amanecer... *No vayan a La Calera. No usen el carro de Acao, debe de estar fichado. Todas las precauciones son pocas...* Las recomendaciones de mis compañeros de lucha aumentaban la tensión que vivíamos y un mal presentimiento difícil de definir.

Jaime y yo teníamos la costumbre de desayunar temprano. Aprovechábamos ese momento de intimidad para planificar el día, que siempre era largo, porque, como Jaime bien decía, *el comercio es un arte que solo se cultiva con amor al trabajo.* Y yo, además, tenía un aula en la sesión de la tarde. Pero ese día, decidimos que lo prudente era que toda la familia se encontrara en la casa antes del anochecer, y quedamos en estar de regreso a las 5:30.

Sabíamos que esa noche habría un apagón general, señal que esperábamos para el levantamiento nacional. Como era importante no despertar sospechas, seguíamos la rutina de un día cualquiera: Jaime salía a hacer diligencias mientras yo, a las ocho en punto de la mañana, abría la tienda.

La Ópera era una tienda muy bien situada en la calle Enramadas; sin embargo, la clientela y las ventas habían disminuido considerablemente porque no recibíamos mercancía nueva. Todo el comercio estaba en crisis, no había movimiento y el pago de la nómina se cubría con fondos del capital de antaño. Para matar el tedio de estar detrás de un mostrador vacío, observaba a los habituales transeúntes de la acera, sin que ninguno se detuviera frente a la vidriera a no ser para arreglarse el sombrero o el maquillaje.

Alicia en La Ópera, calle de Enramadas

Transcurría la mañana sin novedades, hasta que entró Antonio Caballero; venía a ponerme sobre aviso.

—¡Huya, los están cogiendo a todos!

—¿Y tú cómo lo sabes?

—Vengo de Vista Hermosa. Fui a cumplir órdenes, pero cuando llegué, un cordón de milicianos rodeaba la casa. Me hice pasar por integrado y lo vi todo. A Bernabé Corominas lo sacaron a culatazos de casa de su hermana. También cayeron Frank y los Setién. Alicia, por lo que más quiera, siga mi consejo...

—¿Y tú qué vas a hacer?

—Tengo parientes monte adentro que me ayudarán a desaparecer. Ya estuve preso una vez y no me vuelven a coger aunque tenga que vivir como un guajiro el resto de mis días. Me he arriesgado a venir por el aprecio que le tengo, solo por eso, pero no quiero que me relacionen con el Frente.

—Te lo agradezco.

Pero yo no podía huir. Sabía que tenía que afrontar lo que viniera, porque si me escondía, exponía a mi familia.

En cuanto llegaron Ana, Yolanda y Paco, empleados de toda mi confianza, regresé a la casa para destruir la evidencia que me comprometía. Dentro de un cubo eché alcohol y quemé documentos, bonos y brazaletes del Frente Anticomunista de Liberación. No hubo tiempo para dar explicaciones a mi familia. Solo les dije que si tocaban a la puerta, echaran agua a las llamas y tiraran una colcha de trapear encima del cubo.

Regresé a La Ópera como si nada sucediera, pero esperando... No había pasado una hora cuando se vio un despliegue de hombres de uniforme verde olivo en la calle de Enramadas. Ya subían a las casas aledañas al negocio, ya interrogaban a los vecinos, cuando decidí salir de la trastienda y enfrentar lo inevitable. Simultáneamente, se acercaban a la entrada los militares. Les pregunté:

—¿A quién buscan?

—A la dueña de la tienda —contestó uno con galones.

—Vengan, los voy a llevar a su casa. Vive a dos puertas de aquí, en los altos.

Tomé la delantera y me siguieron deprisa. Iban armados como si fueran a la guerra.

Los vecinos de la cuadra se apostaron en pequeños grupos para no perder detalle... pero guardaron distancia y silencio. Si acaso, algunos murmuraban extrañados.

En dos o tres minutos llegamos y subimos... En un recodo a mitad de la escalera, me detuve frente a ellos y les dije:

—Yo soy la persona que buscan.

—Nosotros vamos delante —contestó enérgico el de galones.

Les advertí que tenía una niña de nueve años y no quería que se asustara.

Toqué el timbre; se escuchó a mi hija al otro lado de la puerta:

—¿Quién es?

—Tu mamá que viene con unos amigos —contesté.

Abrió y me dejaron entrar primero. Mi hija estaba envuelta en una sábana. La mandé a vestir y a irse a casa de su abuela María; no quería que viera cuando me sacaran de la casa. Pero el de galones nos dijo que en ese momento no saldría nadie y ordenó mantener en la sala a todos los que se encontraran en la casa. Por suerte, Jaime no estaba.

De una vez nos sentaron en la sala. Imaginen la estampa: mis dos hijas, mi nieta en brazos, y yo en el sofá; dos de los uniformados portando ametralladoras se apostaron frente a nosotras y permanecían de pie y atentos al más mínimo movimiento, como si fuéramos a escapar. El resto de los militares se dividieron en parejas para proseguir con la pesquisa en la casa.

Entonces comenzó el registro, pieza por pieza y sin dejar ni un rincón, gaveta ni escaparate sin hurgar. Nos sentíamos entre molestas y desvalidas ante la hostilidad. Violaban la intimidad de nuestro hogar, y aunque no encontraron nada que me inculpara, el de galones me dijo que estaba detenida y que tenía que acompañarlos. Salí de la casa rodeada de varios hombres armados hasta los dientes. Me metieron en un Jeep militar y me llevaron al célebre Castillito.

EL CASTILLITO

El Palacio Bosch, mejor conocido como El Castillito, por su arquitectura semejante a los castillos de los cuentos de hadas, se encuentra en el reparto Vista Alegre. Fue la residencia de la familia Bosch Vicens hasta 1960. La propiedad, abandonada por sus dueños al salir del país, fue ocupada por los Órganos de Seguridad del Estado y convertida en el centro de interrogación del G–2 de Santiago de Cuba.

El Palacio Bosch

¡Ironías de la vida! A principios del siglo XX, mi suegro, Francisco Parera Bou, era el contratista de obras del arquitecto Carlos Segarra y había construido el inmueble.

Las ventanas, que antes miraban a suntuosos jardines, las habían sellado. Las puertas escoltadas permanecían cerradas, como ajenas a lo que pasaba al otro lado. En los amplios y señoriales salones ahora se levantaban paredes sucias, descascaradas y húmedas, como antesala visual del horror.

Una rústica mesa con cuatro taburetes y una hilera de catres contra la pared constituían el único mobiliario en el amplio salón. Bajé los ojos al catre de lona que me asignaron. La lona estaba manchada de algo que podría ser sangre, vómito, mierda o una mezcla de los tres. La peste era parte de la burla. Los militares me recomendaron que me fuera acostumbrando, porque esa sería mi cama por varios días.

Me acosté mirando a la pared, para iniciar mi ejercicio de silencio. Había allí otros detenidos, pero nos manteníamos distantes, ya fuera para que no nos asociaran o porque nunca se sabe quién es quién en semejante situación; podía haber un infiltrado.

Al cambiar de posición, vi a Bernabé Corominas; lo habían parado junto a una columna frente a mí, posiblemente con el propósito de que nos identificáramos o hiciéramos algún gesto delator. Él no se movió. Yo lo miré con indiferencia, como si no lo conociera, y de nuevo me puse de cara a la pared.

En una ocasión en que me escoltaron al baño, también me crucé, muy de cerca, con las hermanas Rodríguez de La Calera, pero tampoco me di por enterada.

Por mí nadie iba a ser señalado.

Al rato, escuché un violento forcejeo, venía del piso de arriba; unos hombres discutían.

—¿Ahora vas a decir lo que sabes o no?

—¡Ni un carajo! —contestó sofocado el otro.

—Aquí tienes dos alternativas, maricón: o hablas o hablas. Luego, entre el ruido de gente corriendo, se confundían las voces:

—¡Agárrenlo, agárrenlo! ¡Atájalo!

Me volteé siguiendo las voces... Todos mirábamos hacia el corredor de arriba... De momento, un hombre saltó el barandal, cayendo al vacío. Un profundo silencio siguió al impacto del cuerpo contra el piso. Tendría no más de veinte años. Era muy joven, sobre todo para morir. Los que estábamos en el primer piso, consternados, nos fuimos retirando, dejándole el centro del salón al muerto. Tardaron unas tres horas en levantar el cadáver. Luego, limpiaron el charco de sangre, pero el olor a sangre cuajada persistía como recuerdo de los hechos.

Por mi parte, si antes quería guardar silencio, si antes tenía que esforzarme para callar, ahora estaba muda y temblaba sin control. ¿Qué más tendría que ver? ¿Qué sería lo próximo? No supe nada más hasta que llegó la noche y nos hicieron firmar un papel donde certificábamos no haber visto más que un cuerpo que caía y que el hombre había resultado muerto.

Me limité a mi pedazo de pared, aunque la procesión iba por dentro. Trataba de encontrar una explicación lógica a los hechos. ¿Lo habrán empujado o sería un suicidio? Seguro que no aguantó la tortura y prefirió morir a dar información que inculpara a otros compañeros. ¿Podré resistir este trance?

Pasó la medianoche... la madrugada... y nada. No hubo apagón. La luz en el cielo raso cegó mi expectativa de que se diera el levantamiento nacional. Años después supe que ese 30 de agosto de 1962 detuvieron a miles de opositores que resistían al gobierno a lo largo y ancho de las seis provincias de Cuba.

ACONDICIONANDO EL MIEDO

A las tres de la mañana oyes fuertes golpes en la puerta. Se supone que a esa hora estés al menos dormitando, el cansancio te vence. Una voz severa ruge tu nombre, te levantas, te asomas, ves a un hombrón que te dice: *Sígueme*. Te hacen esperar durante tiempo indefinido en un pasillo oscuro, completamente desolado. Se abre una puerta, aparece Julio César Martínez y dice: *Pasa*. Entras. Adentro hay una pizarra con una serie de chuchos, botones y cables eléctricos. Te sientan en el centro de la habitación, con una potente lámpara encendida sobre tu cabeza. Martínez señala a la pizarra y comienza el interrogatorio:

—¿Sabes qué es eso?

—Parece una pizarra telefónica... o un control eléctrico...

—¿Te gustan los zapatos americanos?

—No, la industria nacional es buena.

Julio César Martínez me toma las manos y se las retiro por instinto; las escondo debajo de los sobacos cruzando los brazos sobre el pecho como un escudo que acaso me ayude a disimular mi vulnerabilidad. No quiero que me toque, no. El contacto con mi perseguidor me resulta repugnante.

—¡Qué arisca! ¿Acaso te han dicho que nosotros arrancamos las uñas o algo por el estilo?

—No, nunca —le contesto como mejor puedo articular las palabras.

—¿Qué pensará tu familia cuando sepa que estás detenida? Seguro que te repudiarán.

—No lo creo. Mi familia me quiere. Todos tratarán de aliviar mi situación, aunque no piensen como yo.

—¿Y cómo piensas tú?

—Yo soy martiana… como todos los cubanos.

—¡No metas a José Martí en esto! —me increpa con energía, con el dedo índice en alto, para volver enseguida al tono de sorna que sostenía desde el comienzo del interrogatorio, ahora para tocar una de las fibras más sensibles de mi ser.

—¿No has pensado que tu hija pequeña queda sola?

Siento que se me revuelca el dolor. ¿Cómo no iba a pensar en ella? Mi chiquita, chiquita mía, cuándo podré abrazarte nuevamente. Pero ahora tengo que mostrar serenidad para no darle armas al adversario, que apuesta a que voy a perder el equilibrio, y le contesto:

—Ella tiene a su padre que sabrá cuidarla.

—¿Quién te lo asegura…? Si nos ayudas en la investigación saldrás y podrás cuidarla tú misma… Y por cierto, ¿a qué se dedica Jaime?

—Ese es un catalán aplatanado. Todo el mundo sabe que es comerciante.

—Me refiero a otras actividades. Tenemos informes de que tiene una embarcación y que sale de noche a navegar mar afuera.

—Va de pesquería. Esa es la mejor hora… Lo ha hecho toda la vida… En otra época hasta llegué a pensar que tenía una querida —me esmero en desviar la atención sobre las actividades de Jaime.

—¿Te ha sido infiel?

—No, qué va… Ese hombre es un santo—. Ni loca expondría mis intimidades y elijo afirmar con toda seguridad— Solo tiene ojos para su familia.

—Sí, seguro… —sostiene el tono irónico—. Ustedes, las mujeres, creen lo que quieren creer… —De momento salta a otro asunto— Por otra parte, es raro que a tu marido no le moleste que andes para arriba y para abajo con otros hombres. Cuéntame lo que sepas de Francisco Evelio Pérez y Bernabé Corominas.

—No los conozco.

—¿Sabes una cosa? No acepto tu respuesta. Pero dejemos a esos dos para mañana. De aquí a mañana harás memoria. Mejor háblame ahora de tu empleado, el tal Paco. A ese sí lo conoces, ¿verdad?

—Por supuesto. Es el mensajero de la tienda.

—¿No será el mensajero de una organización contrarrevolucionaria?

—Mire, no trate de enredarme… Yo no tengo nada que ver con ninguna organización… y Paco tampoco, qué va… Ese es casi un niño, un muchacho humilde que tiene que trabajar para ayudar a su madre. Cuando lo mando al correo con una carta o a casa de un cliente con un paquete de mercancía, él no sabe qué está llevando. Como empleado, tiene que cumplir con su trabajo, que es montarse en la bicicleta y llevar lo que sea sin chistar.

—Lo tenemos aquí y lo estaremos interrogando. Vamos a ver cuál es su versión, qué tiene que decirnos de su jefa… una gusana capitalista.

—Nuestra relación es de trabajo… y nada más. Él no sabe nada de mi vida.

—¿Sabes quién es Fulano de Tal?

—No conozco a nadie con ese nombre. —Verdaderamente no me suena.

—Un día te voy a traer a una mujer muy querida por ti.

—Cometerá una injusticia.

—Se trata de Carmelina.

—¿Qué Carmelina?

—Carmelina Acosta, la cajera de la peletería.

—Ah, esa… Hace años que trabaja en la peletería. Es cliente mía; cada vez que me llega mercancía nueva, le aviso, porque es de las que paga al contado. Está preparando su ajuar porque finalmente se casa con un novio que tiene hace un chorro de años. Ustedes saben que esa mujer no está en nada. Hace unos meses la detuvieron y la tuvieron que soltar. Eso se supo en todo Santiago.

—En la peletería trabajaba también Manolo O'Calagan. A ese no te lo puedo traer. Lo fusilamos. Era un espía de los americanos. Ese es el final de los traidores. Y de esta redada, son varios los que tendremos que fusilar. Vamos a terminar con los enemigos de la Revolución. ¿En qué piensas, Alicia?

—En nada en particular. Lo estoy escuchando.

—¿Y La Gallega? ¿Cómo se apellida? ¿Ferreira? Las retratamos juntas frente a tu tienda. Tenemos esa evidencia… Mira la foto. —Me la enseña por un segundo y la guarda de nuevo en la carpeta.

—¿Qué tiene de raro? En una calle comercial como Enramadas, pueden retratar a cualquiera junto a otro y eso no significa que estén conspirando. No tengo que ver con ella. No la reconozco.

—Tenemos a otras dos mujeres detenidas del Frente: la Arada y la Espinosa. ¿Qué sabes de esas dos?

—No las conozco.

—Sin embargo, andaban en el mismo grupito de sediciosos contrarrevolucionarios.

—No sé a qué se refiere. Yo creo que usted está tratando de implicarme en algo…

—Conmigo no te hagas, sabes más que la justicia. —Sube el tono enfático—. Pero no más que la justicia revolucionaria. Esa no perdona a los traidores, a los desertores de la Revolución…

De momento suspende el sermón para proseguir con los nombres, algunos conocidos, otros que en verdad nunca había oído. Qué más da; mi respuesta siempre será una negativa: ¡No sé quiénes son! ¡No sé nada de ellos! ¡No sé nada de lo que usted me pregunta...!

No obstante al cansancio, sé que no puedo bajar la guardia. Martínez conoce bien su oficio y marea; a un comentario tonto sigue un giro sorpresivo de interrogaciones capciosas, para hacerte caer en traición, para desmoralizarte o para tomar cualquier palabra fuera de contexto como una acusación incriminatoria.

Por mi parte, independientemente de lo que me pregunte, tengo de antemano mi repertorio de respuestas... y de ahí no hay quien me saque.

Terminada esa sesión, que parecía interminable, regresamos por el pasillo oscuro. Martínez llama a un ayudante y le ordena con tono serio y autoritario: *Tráeme la soga*. Luego me amenaza:

—¿A ti no te han dicho que nosotros colgamos a la gente desde la azotea?

—No, nunca oí nada de eso. —Aunque no quiera, me tiembla la voz.

—¡Vamos a la azotea! —Me agarra por el brazo.

—¡Me lastima! —protesto y en vano trato de soltarme.

Cuando se dispone a subir, aparece el otro con una soguita de dos pies de largo. Martínez se pone a jugar con ella. Y le dice al ayudante: *Llévatela*.

Y terminé en mi celda.

Trataba de mantenerme serena hasta donde podía, porque la tensión se intensificaba entre interrogatorio y contrainterrogatorio. No se sabe si se perderá la vida, la libertad o qué. Un error podía hundirme y conmigo se iba medio mundo... Una secuela de pensamientos corrosivos amenazaba mi aparente solidez: ¿Hasta cuándo podré resistir la presión? ¿Resistirán los otros? ¿Será verdad que han hablado...? La duda iba penetrando, llevándome por un camino desconocido y espontáneo desde adentro, hacia la piel, quebrándome en temblores... ¿Será esto lo que llaman miedo?

LOS ÁNGELES CAÍDOS

Guasasa, así me puso mi madre por ser chiquita, o la más chiquita. No sé. Así son las madres, creen que los hijos no crecen, porque ya yo tenía cumplidos los nueve.

La guasasa es un insecto asqueroso que viaja del culo de los animales a los excrementos, y de la mierda vuelve a los culos de las vacas y de los caballos. Pero en la voz de mi mamá había tanto cariño cuando me llamaba que no podía haber nada malo en ello. Todo lo contrario, me sentía orgullosa y feliz de ser su guasasa querida. Lo que confirma aquello de que no es lo que se dice, sino cómo se dice.

Yo era muy apegada a mi mamá, y esperaba que de un momento a otro regresara llamándome desde la escalera: "¡Guasasa!" o "¡Lagartija!" (otro sobrenombre que me decía, porque yo era muy flaca). Pero según fueron pasando los días, comprendí que ella no regresaría a la casa. Entonces conocí, por vez primera, el verdadero significado de la palabra angustia.

Además, yo estaba presa también. Me mandaron a casa de mi abuela paterna y no me dejaban salir, ni sola ni acompañada, y "olvídate de la bici", sin haber hecho nada malo para merecer semejante castigo. Los mayores me decían que había que esperar hasta que lo de mi mamá dejara de ser un rumor en el barrio, y que no debía hablar con nadie, para evitar la preguntadera.

Un día, mi abuela María se compadeció de mi aburrimiento y decidió sacarme. Apenas salimos, en lo que mi abuela aseguraba la puerta del edificio, se me acercaron dos sujetos, un hombre y una mujer. La mujer se dirigió a mí:

—¿Tú eres la hija chiquita de Alicia?

—Sí —respondí rauda, porque pensé que aquellos eran ángeles del cielo, que me traían noticias de mi mamá.

—¿Cómo te llamas? —el hombre preguntó, mientras la mujer sonreía amablemente.

—Qué niña tan bonita. ¿Estás sola?

Ya no pude contestar, porque mi abuela me dio un jalón de brazo de los de ella, que casi me deja sin brazo, advirtiéndome que no hablara con extraños.

—No, chica, no. Déjame —le repliqué a mi abuela. Pero los ángeles ya se habían esfumado, como suelen hacerlo, en un segundo. Es probable que se hayan espantado con los resabios de mi abuela.

Por cierto, mi abuela María me llamaba "Rata Sabia" y "La Canalla" (no porque yo fuera una canalla, sino porque canalla quiere decir "niña" en catalán).

∾

En El Castillito, apenas daban las diez de la noche, apagaban todas las luces y se empezaban a oír golpes, gritos, imprecaciones. *Métalo en la nevera y verás que habla; esta noche van al paredón; llegó el camión, suban a los hombres y a la niña también...* Y la voz quejosa de una niña diciendo: *No, chico, no. Déjame.* Me atormentaba pensar que torturaran o hasta que violaran a una de mis hijas... ¿Serían capaces? Juraría que escuché decir: *Traigan a la hija pequeña de Alicia, a ella sola.* ¿Cómo protegerla? No me perdonaría que algo malo le sucediera.

Según fueron pasando los días, la angustia y los nervios me atacaban. Primero, sollozaba en secreto; luego, lloraba sin lograr contenerme. En varias ocasiones, grité hasta desgañitarme llamando a mi hija y a Dios. Entonces, me llevaban a la enfermería, me daban un vaso de agua, supongo que con algún sedante, y me aislaban en la celda.

En frente había otra celda habitada por un preso tan flaco que solo era hueso y pellejo. Se veía cansado y sucio. El pelo largo y la barba abundantísima le tapaban el rostro. Nunca llegué a saber quién era. Lo sacaban en calzoncillos una vez al día, para que hiciera sus necesidades, y llevaba en las manos una lata llena de los orines del día y la noche anteriores. A su paso dejaba tremenda peste y los escoltas lo humillaban aun más, mostrando asco, tapándose la nariz y haciendo chistecitos, como si el pobre fuera responsable de su estado. Lo tenían aislado para ver si confesaba. Supe que llevaba mucho tiempo en esas condiciones, y seguía en las mismas cuando me trasladaron al Vivac.

Ante el panorama de mi vecino, me había dado por pensar que lo mismo podía sucederme, porque en ningún momento me dijeron por cuánto tiempo iba a permanecer en El Castillito. La estadía era indefinida y, en el mejor de los casos, iría presa, porque también podía ser que perdiera la vida.

Sin embargo, la necesidad de saber de mi hija fue un asidero para no entregarme del todo al acondicionamiento. Después de varios días de interrogatorios, voces nocturnas, desesperación y sedantes, decidí tomar otra actitud; si en verdad mi hija estaba allí, tenía que encontrarla.

Lo primero que hice fue vigilar los movimientos de los guardias; unos parecían perros de presa, pero también había novatos encantados con la pinta del uniforme, que se acomodaban la gorra cuantas veces los mirara una mujer. Esos vejigos, convencidos de la debilidad femenina, se distraían hablando, agenciándose un trago de café o yendo al baño (yo creo que a fumar, porque eso era a cada rato). Como de una a tres de la tarde, con el calor que hacía y ellos dentro de aquel uniforme derritiéndose, empezaban a buscar taburetes para sentarse y encaramar las botas. Y lo podían hacer, porque a la hora de la siesta no se encontraba por todo aquello a ninguno con galones.

Esperé el momento oportuno para escurrirme. En una ida al baño, logré burlar la guardia y subí a la azotea del edificio. Allí vi una jaula de rejas como de cuatro metros cuadrados, y dentro un montón de hombres apiñados, desnudos o en calzoncillos. Solo podían permanecer de pie, porque no cabían de otra manera. La jaula estaba a la intemperie, y los hombres quedaban expuestos al sol, al sereno, a la lluvia o a cualquier otra inclemencia del tiempo.

Al verme, los enjaulados me dijeron:

—Señora, ¿qué hace aquí?

—Estoy buscando a mi hija.

—¡No se meta en líos, baje... aquí no está!

Yo era la conciencia de su desnudez. Rápidamente les di la espalda; no quería ser parte de su vejamen.

En eso, llegó un escolta con arma larga, me agarró violentamente por un brazo y me bajó a empellones... Pero no haber encontrado a mi hija ya era un buen indicio.

No era cosa fácil mantener el equilibrio. Si en el caso de los hombres la tortura física era la más común, con las mujeres la psicológica era la forma más efectiva para quebrantar su espíritu.

Los familiares de los detenidos pasaban días enteros frente a El Castillito con la esperanza de ver a sus presos al momento de su traslado y enterarse a tiempo de su destino. Según pasaban los días, la falta de información sobre los detenidos iba sembrando el temor de no verlos más, pero a pesar de la ansiedad, se quedaban para averiguar o como testigos solidarios en la adversidad.

Mi familia, como es natural, sufría la incertidumbre de la espera en aquella acera, lo cual fue providencial, porque después de varios días de angustia por creer que habían torturado a mi hija menor, vi a Jaime con mis dos hijas en la acera. Lo logré, encaramándome para alcanzar a un tragaluz en la pared del baño que daba a la calle. Di gracias a Dios y en los próximos interrogatorios estuve más tranquila.

Luego supe de dónde venía la voz de mi pequeña: había una grabadora-tocacintas detrás de la pared contigua a mi catre. Desde entonces, traté de mantenerme alejada de las paredes e ignorar los ruidos y las voces que me atormentaban.

En doce días en El Castillito, rebajé veinte libras. Solo comía el plátano hervido que venía en el plato de comida, y primero lo limpiaba con el papel de periódico que nos proveían como papel higiénico. Temía que le añadieran a la comida alguna droga que me aflojara la lengua.

Al cabo de esos días, cuando me escoltaban a las oficinas del segundo piso para firmar mi declaración, por la misma escalera, bajaban a Bernabé Corominas. Pasó de largo y yo también, como desconocidos, sin hacer contacto visual. Lo trasladaban a La Cabaña en la Habana para fusilarlo. También fusilaron a Francisco Evelio Pérez. Hombres del Frente Anticomunista de Liberación, que no hablaron, porque si hubieran hablado a mí me hubieran condenado a más de 20 años. Eran mis enlaces en el Frente.

A Manolo O'Calagan ¿cómo no lo iba a conocer? Trabajaba en la peletería junto a La Ópera. Tenía una planta radiotransmisora oculta en plena sierra Maestra y transmitía al extranjero noticias sobre lo que estaba sucediendo en Cuba.

O'Calagan pudo haber dicho que yo le había conseguido la planta, porque esa era la verdad: yo se la conseguí y la financié. Pero él no lo dijo; por el contrario, cargó con toda la responsabilidad. Si hubiera hablado, yo no lo estaría contando hoy. Siempre estaré en deuda con él porque pagó con su vida mi castigo.

Era locutor y poeta.

No delató a nadie.

Lo fusilaron.

EL VIVAC

El Vivac, un referente de horror, construido en el tiempo de la colonia española, conservaba las argollas de hierro adosadas a las paredes, utilizadas para el castigo de los prisioneros de aquella época. Allí colgados permanecían día y noche, hasta que la guardia civil española conseguía su confesión. Los latigazos y el "bocabajo" eran otras torturas practicadas durante la colonia de España, pero se reservaban para los negros esclavos. La tortura no fue una práctica exclusiva de los españoles ni cosa nueva en Cuba. Machado y Batista, mientras gobernaron, dejaron también su rastro de sangre sobre la tierra cubana. Si alguien lo duda, que consulte la revista *Bohemia*, que documenta las torturas y los asesinatos políticos durante aquellos años. Ninguna persona consciente podía vivir tranquila por la violencia y los abusos de estos gobernantes; por eso apoyamos el cambio de gobierno y nos hicimos revolucionarios.

La solidez gris de las paredes que ahora nos acogían inspiraban depresión. A lo largo de los siglos, aquellas paredes habían estado sordas al grito del criollo levantisco o del cimarrón capturado, ciegas e indiferentes a las bajezas de los criminales comunes y a las causas de los presos políticos, y mudas ante el amplio repertorio de torturas y vejámenes a cuenta de cuanta dictadura hemos sufrido.

El frecuente chirrido de las bisagras de las rejas ponía los pelos de punta y te recordaba, como si fuera posible olvidarlo, que estabas en la cárcel.

El Vivac de Santiago de Cuba

En las noches de insomnio, las imágenes pasan por mi mente, como fragmentos que conforman los espejos de un caleidoscopio. Muchos son los rostros que me persiguen reclamando su lugar en mi memoria. Menos son los nombres que recuerdo, y me siento culpable de olvido. Pero hay caras con nombre y apellidos, que persisten a la corrosión del tiempo, como si las estuviera viendo.

Veo a Zoilita Álvarez, medio en broma o medio en serio, implorando a una estampa de la Virgen de la Caridad del Cobre: *Óyeme, Cachita, chica, ¿hasta cuándo nos vas a tener aquí?* Activa, diligente y cariñosa, aprovechando retazos para hacer ropita a sus dos hijas, a quienes una vecina había recogido.

Veo a Emilita Estefan sujeta a las rejas protestando: *¡Muchachos, ataquen el comunismo, pongan bombas, maten! ¡Hagan algo! ¡Porque aquí condenan a los que no hacen nada!*

Veo a Adria Sosa. No había causa en su contra, pero pasó varios días detenida en mi galera. Después del "embarque" de Bahía de Cochinos, el presidente Kennedy negoció una amnistía, mediante la cual se intercambió la vida de los prisioneros de guerra, con sus familiares, por comida y medicinas para Cuba. Para los combatientes sobrevivientes fue una humillación, pero fue la única oportunidad de salvar la vida. Adria estaba casada con uno de los soldados invasores y la detuvieron en Baracoa; la llevaron al Vivac de Santiago para trasladarla de allí a la Habana y, finalmente, a los Estados Unidos, con el grupo de extraditados.

Por suerte para ella, no compartimos galera mucho tiempo. Tampoco llegué a conocerla bien. Sin embargo, la recuerdo porque nos puso al tanto sobre un grupo de sesenta mujeres secuestradas de una prisión en Pinar del Río que conoció en el Vivac de Baracoa. Ni los familiares ni ellas mismas sabían adónde irían a parar, porque las autoridades no se lo notificaron.

Cuando ella nos contó lo del secuestro, yo no lo entendía, o no quería entender que estas cosas estuvieran pasando. Más tarde, en mi vida carcelaria, di con algunas de las protagonistas del secuestro, que me contaron los pormenores de su odisea.

También aprendí por experiencia propia que la práctica del secuestro y de los traslados constantes, sin previo aviso a las presas ni a sus familiares, eran cosa común. Tan común que no te daba tiempo de asimilarlo cuando ya te encontrabas en otro sitio.

Veo a Olga Lores, recién llegada al Vivac, tratando con un miliciano que por una propina le hiciera el favor de llamar a su familia para que supiera de su paradero.

Veo a Donatien, un interrogador del G-2 que se tostó tratando de poner en práctica un método efectivo para interrogar que había aprendido en alguna aldea de la Unión Soviética. Pasaba día y noche marchando: *uno, dos, tres, cuatro, uno, dos, tres, cuatro*...

Me llega el eco de las discusiones:

—Donatien, está bueno ya de comer mierda y romper zapatos, que no me dejas dormir...

—¡Cállate, Flor de Prostíbulo!

Entre locura y gritería Flor de Prostíbulo decía sus verdades y se atrevía a hablar de temas que las cuerdas estábamos obligadas a callar: *Yo quisiera que me llevaran a un tribunal revolucionario de verdá, para que ellos sepan lo que es trabajar para tumbarlos, y no como esas pobres mujeres, que ninguna ha hecho un carajo... Yo sí que me he jugao el pellejo... porque cuando Luis Conte Agüero, La Voz Más Alta de Cuba (desde fuera de Cuba, claro) recomendaba al pueblo que boicoteara al gobierno destruyendo las monedas, yo les metía un clavo y las tiraba pal medio e la calle...*

Veo a una presa común escondiéndole a Flor un retrato de Otto Parellada, a quien en su demencia veneraba. Gritaba como si la estuvieran degollando hasta que por fin reaparecía el retrato del mártir.

Antes de su arresto, la loca tenía la manía de encaramarse sobre una lata vacía de galletas de soda y, en cualquier esquina, dar un discurso en contra del comunismo. Los milicianos, acostumbrados a sus rutinas, ya no le hacían caso. Era parte del folclor popular.

Un día, uno que no la conocía la detuvo, y mientras llenaba el expediente, La Flor increpó a un busto de José Martí que había en la oficina: *¿Y tú qué haces aquí...?* Con la misma espontaneidad, lo tomó y lo lanzó contra el piso, haciéndolo añicos. Entonces no tuvieron más remedio que encerrarla hasta que su hijo se responsabilizara por ella. Lamentablemente, los días pasaban y el hijo de La Flor no aparecía por el Vivac, por lo que se le oía rezongar: *Será que tiene miedo de llevarme a su casa y no poder conmigo.*

Veo a Miriam Pérez, la bayamesa. Venía de una familia acomodada donde no faltaba nada, y se le hacía difícil la adaptación a la precariedad de la cárcel. Antes de ir al inodoro, se enrollaba el papel sanitario en la mano, dejándonos a las demás a merced del *Granma*, un periódico oficialista con el que nos limpiábamos cuando se acababa el rollo. Miriam me advertía constantemente que estábamos rodeadas de micrófonos. Se decía que la acusaron por divulgación, por filtrar confidencias de un G-2, evitando a tiempo que capturaran a unos alzados.

Ahora tres figuras se encuentran casi yuxtapuestas en el recuerdo. Un ligero movimiento de los espejos del caleidoscopio las define: son las hermanas Llamas. La menor se llamaba Mercedes y le decíamos de cariño Miché, la del medio era Ana y la mayor, Bertha. A las tres las conocí por separado, sin saber que eran hermanas, pues tenían rasgos completamente distintos. Sin embargo, en común tenían las buenas costumbres y la humildad de su crianza.

Las tres cayeron presas el mismo día. A Miché le ocuparon un radiotransmisor. En Cuba tener cualquier equipo de comunicación es un delito grave contra el Estado, ya que con este equipo se puede divulgar información dentro y fuera de Cuba. A Ana y a Bertha las arrestaron solo por la sospecha o posibilidad de estar involucradas con Miché.

Bertha perdió la razón y nunca llegó a recuperarse del todo. Me contaron que en El Castillito había tratado de colgarse dos veces. La primera vez lo intentó con un cordón eléctrico que arrancó de una lámpara de techo. La segunda, con una larga soga de confección artesanal, atando las tiras de una sábana. En ambas ocasiones la sorprendieron en el acto. Definitivamente, era una mujer sin suerte.

La internaron unas semanas en Mazorra, donde le aplicaron choques eléctricos como parte del tratamiento psiquiátrico. Cuando llegó al Vivac todavía tenía los ojos brotados y enrojecidos. Pensábamos que mejoraría junto a sus hermanas, pero ella les tenía pánico. En el Vivac se veía unas veces alterada; otras, retraída. También tenía momentos de lucidez, pero siempre a la defensiva.

Gracias al más afinado de mis sentidos, oí una conversación que me puso al tanto de su situación:

—Tus hermanas están preocupadas por ti.

—Mira, no quiero que vengan a decirme nada, y menos de esas dos.

—Haces mal, ustedes han sido muy unidas siempre y ahora corren la misma suerte.

—¿Suerte? Suerte tienen esas que no tienen nada que perder… pero yo tenía un marido y mis hijos, chica… y ahora, ¿quién sabe si los vuelva a ver?

—¡Ay, Bertha! Pero ¿tú crees que tú eres la única?

—No. Pero es que a mí ni me interesa la política, chica, y estoy metida en este lío por culpa de esas dos. No quiero saber de ellas… ni de nadie. Así que mejor que ni se me acerquen, porque me perjudican.

—Pues, mija, siento decirte que, inocente o no, aquí estamos en el mismo bote.

—Yo no soporto este ambiente. No tendré estudios ni cultura como otras, pero nunca me han hecho falta para saber quién soy y cuál es mi lugar: una mujer de su casa y nada más... para venir a codearme ahora con la peor calaña: ladronas, asesinas, mujeres de mala vida y politiqueras baratas. Yo no confío en ninguna.

—En eso estoy contigo, porque aquí no se sabe quién es quién y la que pasa por más gusana luego resulta tremenda chivatona. A mí, la que venga a hablarme de política si no la mando al carajo, por lo menos le saco el cuerpo.

—La política nunca ha sido lo mío. Ni me va ni me viene. Me da igual Fidel que Batista que Prío o el machadato. Ahora los ricos son exilados o pobres, pero los que como yo siempre hemos sido pobres no nos vamos de Cuba por eso. Con Revolución o sin Revolución nos toca sudar el pan que nos llevamos a la boca. Y mira ahora a dónde he venido a parar, sin beberla ni comerla: a la mismísima mierda.

∾

Por suerte, el Vivac era una cárcel de tránsito para esperar el día del juicio. Esta espera, desde el encausamiento, era de meses, y en algunos casos, de años. Después del juicio (que era una función bien montada, porque se sabía que estábamos condenados de antemano) nos regresaban al Vivac hasta el dictamen de sentencia. Luego, para cumplirla, nos asignaban a otras prisiones.

Sin embargo, conocí allí a varias mujeres que no iban a juicio, porque no habían cometido delito alguno. Las detenían como señuelo. Las cogían por dos o tres días, o hasta que se entregaba el familiar que buscaban. A veces llegaban en pareja, dos hermanas, la madre y la hija, la esposa y la madre... y si el fugitivo no aparecía, las condenaban por encubridoras.

Ese era el caso de Emilita Estefan, La Mora, con el rostro sereno, inmutable, y la mirada fija en cualquier punto de las cuatro paredes que nos encerraban, analizaba la injusticia que vivía. Ni hizo nada ni nadie la acusó... A ella la cogieron porque no encontraron al hijo. Le dijeron que cuando su hijo se entregara, la soltarían. La utilizaron como carnada, pero esa vez el pez no mordió el anzuelo. Gracias al sacrificio de su madre, llegó a territorio libre. Se asiló en la embajada de Francia en La Habana. Nunca vi a una presa tan satisfecha.

Coincidíamos en el Vivac presos políticos y comunes. En el primer piso, donde estaban los varones, eran frecuentes las broncas, los motines, los chivatazos, las golpizas y hasta los hechos de sangre. Las mujeres estábamos arriba y presenciábamos desde nuestro palco enrejado los espectáculos de los hombres y hasta tomábamos partido con uno u otro bando.

Entre las mujeres la cosa era diferente. Creo que había más solidaridad. Las comunes casi siempre eran prostitutas jovencitas que acabábamos aconsejando para que no se metieran en más líos de los que tenían; una que otra loca maloliente que había que convencer sobre los beneficios del baño en pro de la sana convivencia; y muchas traficantes de la bolsa negra de café, arroz o cualquier otro producto de primera necesidad, fueran vendedoras, compradoras o simplemente alguna desgraciada que tuvo la mala pata de estar presente en una transacción fracasada.

Las traficantes, fieles a su vocación mercantil, se las ingeniaban para continuar negociando tras las rejas. Nos conseguían jabón, bicarbonato, algodón... productos que no aparecían ni afuera, pero ellas mantenían sus conexiones en la calle y entraban los encargos al penal. De igual manera, algunas prostitutas hacían sus negocios con los guardias, intercambiando favores sexuales por dinero o privilegios... *y aquí no ha pasado nada, no vaya a ser que la soga se quiebre por lo más fino.*

EL TRIBUNAL REVOLUCIONARIO

Al amanecer nos sacaron del Vivac. Íbamos en fila, con las manos en la espalda, en silencio y fuertemente custodiados. Nos metieron uno a uno en un camión militar techado y cubierto con lona verde olivo. Supongo que esas medidas las tomaban para evitar el contacto de los presos con la gente de la calle.

De mi galera iban otras dos mujeres: Lidia Espinosa Pérez y Carmen Rosa Arada Soler. Los otros 32 pasajeros eran hombres.

Me dio mucha pena ver a Paco (Francisco García) entre ellos. Ese muchacho era inocente. Como tenía 18 años, le dieron tres años, hasta que cumpliera la mayoría de edad, que en Cuba son los 21. También había otros compañeros de lucha que se resistieron a las torturas y a los interrogatorios, porque si hubieran hablado, peor nos hubiera ido a todos.

Aunque en el juicio no se presentaron evidencias de peso, todos los acusados sabíamos que teníamos la libertad perdida. Lo más angustioso era oír la verborrea y pasar por ese despliegue de fuerza y violencia frente a los familiares, que estaban apiñados al final de la sala. Sabíamos que nuestra suerte estaba echada de antemano. Nos procesaron y, para finalizar, dieron lectura al AUTO DEL JUEZ INSTRUCTOR TNAL. REVOLUCIONARIO.

--Santiago de Cuba, seis de octubre de 1962.

--DADA CUENTA: y,

RESULTANDO: - Que la presente causa número 215 de 1962, seguida por delito "Contra los Poderes del Estado" se inició en este Tribunal Revolucionario para la averiguación y comprobación del referido delito y de lo actuado aparece racionalmente indicado que los acusados, LUCIDIO CABLES MORENO, GERARDO VERDECIA MILANÉS, LAMBERTO PERERA DE LA TORRE, AMADO OQUENDO RODRÍGUEZ, CARLOS COBOS STABLE, RÓMULO SALGADO O'REILLY, JOSÉ VALENTÍN MURCH CASAL, ARSENIO RENÉ MARCHECO CAMINERO, JUAN ALBERTO MARTÍNEZ TORNES, ENRIQUE LÓPEZ THOMAS, EDUARDO PUPO GE, RAMÓN VIGUERAS LEAL, RADAMÉS YAUGER ESCALONA, MANUEL RIVERA ESCALONA, JORGE PALL PÉREZ, JOSÉ SETIEN VERDECIA, MANUEL RODRÍGUEZ CASAS, ALICIA RODRÍGUEZ GONZÁLEZ, HILDEGARDE RIVAFLECHA GALÁN, JOSÉ BAZÁN GUERRA, GIRALDO SETIEN FERNÁNDEZ, OSCAR ESTRADA ARNAIS, LIDIA ESPINOSA PÉREZ, MIGUEL ÁNGEL FLORES PAVILA, HELEODORO ACAOS NAVAS, FRANCISCO GARCÍA ROSELLÓ, ARSELIO RODRÍGUEZ CASAS, HERIBERTO HERNÁNDEZ, RAFAEL MORÉ PORTUONDO, SERGIO FUENTES MEJÍAS, ROBERTO CAPARRO BLANCO, CÁNDIDO SAUL REYES ANAYA, ÁNGEL BRIZUELA SUGAR, JOSÉ ÁNGEL ABELLA ORTEGA Y CARMEN ROSA ARADA SOLER, mayores de dieciocho y menores de sesenta años de edad y cuyas demás generales constan de autos, pertenecían a la organización contra-revolucionaria denominada "Frente Anticomunista de Liberación", reuniéndose los mismos en distintos puntos de esta ciudad de Santiago de Cuba, organizando sus actividades contra-revolucionarias, entre

33

AUTO DEL JUEZ INSTRUCTOR T'AL. REVOLUCIONARIO.-
—Santiago de Cuba, seis de Octubre de 1952.-
—DADA CUENTA: y- -
RESULTANDO:- Que la presente causa número 215 de 1952, seguida por de
lito "Contra los Poderes del Estado" se inició en este Tribunal Revo-
lucionario para la averiguación y comprobación del referido delito y-
de lo actuado aparece racionalmente indicado que los acusados, DUL-
MIO CARLOS JORRIN, GERARDO VERDECIA HILATES, LAMBERTO HERRERA DE LA TO
R.., ALBO OCUERVO RODRIGUEZ, CARLOS COBOS JULIAS, RENE JULIANO
O'REILLY, JOSE VALENTIN HERCI CASAL, ARSENIO RENE ARGELLES CAGINERO-
JUAN ALBERTO MARTINEZ TORRES, ENRIQUE LOPEZ THOMAS, EDUARDO POPO GL-
RRION VICUEVAS LEAL, R.. LES YAUCER ESCALONA, MANUEL RIVERA ESCALONA,
JORGE PALL PEREZ, JOSE SETIEN VERDECIA, MANUEL RODRIGUEZ CASAS, ALICIA
RODRIGUEZ GONZALEZ, HILDELARDO RIVAFLECHA GALAN, JOSE ABAN CUE.....,
GIRALDO SOTIEN FERNANDEZ, OSCAR ESTRADA ARNAIZ, ILDIA ESPINOSA, PEREZ,
MIGUEL ANGEL FLORES PAVILA, HELECLORO ACAOS NAV.S., FRANCISCO GARCIA -
ROSELLO, ATELIO RODRIGUEZ CAS.S, HERIBERTO HERNANDES, R.F.EL KRU—
PORTUONDO, SERGIO FUENTES MEJIAS, ROBERTO CAPARRO BLANCO, Candido —
SAUL REYES ANAYA, ANGEL BRIHUELA SUGAR, JOSE ANGEL ABELLA ORTEGA, y —
CARMEN ROSA ARAN SOLER mayores de dieciocho y menores de seis die —
años de edad y cuyasdemás generales constan de autos, pertenecim a —
la organización contra-revolucionaria denominada "Frente Anticomunista
de Liberación", reuniéndose los mismos en distintos puntos de la —
ciudad de Santiago de Cuba, organizando sus actividades contra-revolu
cionarias, entre los cuales se contaban el realizar un atentado al —
Cmte Fidel Castro en el acto de conmemoración del 26 de Julio pasado,
recolectar armas, víveres y medicinas con vista a un alojamiento que
preparaban en la Sierra Maestra a fin de apoyar la invasión de los —
mercenarios que en tierras extranjeras se preparan; que en una de las
casas en que se reunían, sita en Calle Iglesia No. 2 Rpto Veguita de
G-le, en esta ciudad, habían construido un tunel los acusados, en el
cual se guardaban los materiales que habían reunidos, los que fueron
ocupados; que asímismo aparece racionalmente indicado que los referidos acusados realizaban todas estas actividades con el propósito de -
lograr el derrocamiento del Gobierno Revolucionario por medio de la —
violencia.- -
RESULTANDO:- Que instruídos de cargos los acusados, unos se confesa—
ron autores y otros negaron los hechos, haciendo además las manifesta
ciones que estimaron convenientes.- - - - - - - - - - - - - - - - -
CONSIDERANDO:- Que los hechos anteriormente relatados revisten los ca
racteres de un delito "Contra los Poderes del Estado" previsto y sancionado en el artículo 147 del Código de Defensa Social, tal como —
fue modificado por la Ley 425 de 1952, y existiendo de lo actuado suficientes indicios racionales de criminalidad contra los acusados es
ciendose es procedente declararlos procesados a tener de lo dispuesto
en el artículo 58 de la Ley Procesal de Cuba, en cuya virtud y decretar la
prisión provisional de ellos en los lugares que se indican, con exclusión de toda fianza.- -
—VISTOS los preceptos legales citados, el artículo 59 de dicha ley —
Procesal y demás de aplicación.- - - - - - - - - - - - - - - - - - -

SE DECLARAN PROCESADOS y sujetos a las resultas de esta causa, a los-
acusados, DULMIO CLABLES JORRIN, GERARDO VERDECIA HILATES, LA LIERTO
HERRERA DE LA TORRE, ALBO OCUERVO RODRIGUEZ, CARLOS COBOS JULIAS, RENE
LO GULARIO O'REILLY, JOSE VALENTIN HERCI CASAL, ARSENIO RENE HERCINE
CAGINERO, JUAN ALBERTO MARTINEZ TORNES, ENRIQUE LOPEZ THOMAS, EACUARDO
POPO GE., RION VICUEVAS LEAL, R.. LES YAUCER ESCALONA, MANUEL RIVERA
ESCALON., JORGE PALL PEREZ, JOSE SETIEN VERDECIA, ANGEL RODRIGUEZ GA
LES, ALICIA RODRIGUEZ GONZALEZ, HILDELARDO RIVAFLECHA GALAN, JOSE AL-
LAN CUEVA, GIRALDO GUTIEN FERN., JOS. ESTADA ARNAIZ, ILDIA ES-
PINOS, PEREZ, MIGUEL ANGEL FLORES PAVILA, HELECLORO ACAOS NAV.S., FR.N
CISCO GARCIA ROSELLO, ARGELIO RODRIGUEZ CAS.S, HERIBERTO HERRNÄNDES,
R.F.EL JOSE PORTUONDO, SERGIO FUENTES MEJIAS, ROBERTO CAPARRO BLANCO, CANDI
DIO SAUL REYES ANAYA, ANGEL BRIHUELA SUGAR, JOSE ANGEL ABELLA ORTEGA,
y CARMEN ROSA ARAN SOLER de las generales que constan y se decreta —
la prisión provisional de los mismos en la Carcel de Boniato y Vivac
Municipal.- Notifíqueseles este auto a los susodos. INTERESESE lo dis-
puesto a los lugares correspondientes, RECLAME los antecedentes pena-
les y de bienes de los acusados.- - - - - - - - - - - - - - - - - - -
—Lo mando y firma el Sr. Juez Instructor.- Certifico.-

las cuales se encontraba organizar un atentado al Com. Fidel Castro en el acto de conmemoración del 26 de Julio pasado, recolectar armas, víveres y medicinas con vista a un alzamiento que preparaban en la Sierra Maestra a fin de apoyar la Invasión de los mercenarios que en tierras extranjeras se prepara; que en una de las casas en que se reunían, sitio en Calle Iglesias No. 2 Rpto. Veguita de Galo, en esta ciudad, habían construido un túnel los acusados, en el cual se guardaban los materiales que habían reunidos, los que fueron ocupados; que asimismo aparece racionalmente indicado que los referidos acusados realizaban todas estas actividades con el propósito de lograr el derrocamiento del Gobierno Revolucionario por medio de la violencia.

RESULTANDO: – Que instruidos de cargos los acusados, unos se confesaron autores y otros negaron los hechos, haciendo además las manifestaciones que estimaron convenientes.

CONSIDERANDO: – Que los hechos anteriormente relatados revisten los caracteres de un delito "Contra los Poderes del Estado" previsto y sancionado con el artículo 147 del Código de Defensa Social, tal como quedó modificado por la Ley 425 de 1959, y existiendo de lo actuado suficientes indicios racionales de criminalidad contra los acusados mencionados es procedente declararlos procesados a tenor de lo dispuesto en el artículo 58 de la Ley Procesal de Cuba en Armas y decretar la Prisión provisional de ellos en los lugares que se indicará, con exclusión de toda fianza.

––VISTOS los preceptos legales citados, el artículo 59 de dicha Ley Procesal y demás de aplicación.

––SE DECLARAN PROCESADOS y sujetos a las resultas de esta causa a los acusados LUCIDIO CABLES MORENO, GERARDO VERDECIA MILANÉS, LAMBERTO PERERA DE LA TORRE, AMADO OQUENDO RODRÍGUEZ, CARLOS

COBOS STABLE, RÓMULO SALGADO O'REILLY, JOSÉ VALENTÍN MURCH CASAL, ARSENIO RENÉ MARCHECO CAMINERO, JUAN ALBERTO MARTÍNEZ TORNES, ENRIQUE LÓPEZ THOMAS, EDUARDO PUPO GE, RAMÓN VIGUERAS LEAL, RADAMÉS YAUGER ESCALONA, MANUEL RIVERA ESCALONA, JORGE PALL PÉREZ, JOSÉ SETIEN VERDECIA, MANUEL RODRÍGUEZ CASAS, ALICIA RODRÍGUEZ GONZÁLEZ, HILDEGARDE RIVAFLECHA GALÁN, JOSÉ BAZÁN GUERRA, GIRALDO SETIEN FERNÁNDEZ, OSCAR ESTRADA ARNAIS, LIDIA ESPINOSA PÉREZ, MIGUEL ÁNGEL FLORES PAVILA, HELEODORO ACAO NAVAS, FRANCISCO GARCÍA ROSELLÓ, ARSELIO RODRÍGUEZ CASAS, HERIBERTO HERNÁNDEZ, RAFAEL MORÉ PORTUONDO, SERGIO FUENTES MEJÍAS, ROBERTO CAPARRO BLANCO, CÁNDIDO SAUL REYES ANAYA, ÁNGEL BRIZUELA SUGAR, JOSÉ ÁNGEL ABELLA ORTEGA Y CARMEN ROSA ARADA SOLER de las generales que constan y se decreta la prisión provisional de los mismos en la Cárcel de Boniato y Vivac Municipal.– Notifíqueseles este auto a los acusados. PARTICÍPESE lo dispuesto a los lugares correspondientes. TRÁIGANSE los antecedentes penales y de bienes de los acusados.

--Lo mando y firmo el Sr. Juez Instructor. - Certifico. –

Cuando finalizó el juicio (serían las once de la noche), nos llevaron de regreso al Vivac en el camión que usaban especialmente para transportar a los presos sin que estos se vieran desde afuera. Una vez adentro, tratábamos de consolarnos. El comentario era que "salimos bien", pues no habría penas de muerte. Las condenas fluctuaron desde tres hasta treinta años de prisión. A mí me condenaron a cinco.

No obstante, los fusilados relacionados con la Gran Conspiración del 30 de agosto de 1962 fueron cientos. Fue un duro golpe, que desarticuló a la oposición.

DE VUELTA AL VIVAC

Durante la llamada Crisis de Octubre, o Crisis de los Cohetes, fue asignado al Vivac un interventor militar en sustitución del antiguo jefe Darío Michell. Su llegada aumentó la vigilancia; se reforzaron a las escoltas en los pasillos del penal con sacos de arena, cuchillos y metralletas; y ordenó un registro general o requisa, en el que perdimos algunas de nuestras más preciadas pertenencias, como agujetas de tejer, tenedores y una resistencia eléctrica. Además, se suspendieron las visitas por tiempo indefinido.

A pesar de la incertidumbre, no tenerle que ver la cara de pandereta a Darío, cuyo goce era provocarnos la rabia al son de *gusanas, perras, putas,* ya era un alivio. Porque no sabíamos lo que pasaba afuera, nuestra vida continuaba, día a día, en su realidad aparte.

Al más o menos cualitativo y cuestionable se imponía un más y menos cuantitativo y absoluto. Un día más de supervivencia en la cárcel significaba un día menos de la condena. Esa conciencia nos sostenía y la tratábamos de transmitir a las recién llegadas y a las más jóvenes cuando caían en un ataque de ansiedad o pánico. Nada mejor que los refranes, que encierran la sabiduría más antigua: *de la cárcel se sale, no hay mal que dure cien años...,* *no hay nada más socorrido que un día detrás del otro, lo que no hay es que morirse, hay que vivir para ver.* A veces acabábamos riéndonos de la sapiencia porque en el fondo sabíamos que estábamos jodidas, pero no nos podíamos dar por vencidas.

Y es que, en la cárcel, la conciencia del tiempo es enorme. El tiempo, más que el lugar, es la circunstancia que nos somete, que nos va doblegando en sus lapsos, hasta consumirnos las ganas de luchar y de vivir. En la medida en que se pueda resistir y escapar de esos momentos de desesperación, se sobrevive.

Por suerte, las presas teníamos una gran habilidad para crear una rutina vital, a pesar de todos los pesares. Algunas de las mujeres solían afirmar su existencia a través de la costura, el tejido, el bordado, los rosarios, la lectura. Otras preferían cantar y vivir boleros, hablar de hombres e intercambiar chismografía fresca. En fin, había que matar el tiempo.

A pesar del aislamiento, en dos o tres días nos pusimos al tanto de la crisis por conducto de un termo de café caliente que bajábamos por soga a los presos del primer piso. Un recién llegado a las galeras de abajo entró lo que sonaba en la calle a paso de conga: *La tensión política entre los yanquis y los rusos está a punto de caramelo, por la presencia de los cohetes en Cuba.* Lo cual nos había colocado en el medio de una guerra nuclear... y de esto, en nuestra vulnerable situación, no valía la pena ni hablar.

El termo también sirvió como medio para iniciar un romance entre uno de los presos y Zoilita, la que deslizaba el termo cada noche. Asimismo, cada noche el termo regresaba con una cartica de amor dirigida a Alicia Rodríguez, nombre que designaba a su propietaria. Nos divertíamos de lo lindo saboreando las misivas, y de paso nos enterábamos de las últimas noticias. El día que al preso enamorado le señalaron a su Alicia, una cuarentona, y no el pollito que él creía, sus compañeros le formaron tremendo relajo.

Zoilita Álvarez, cuya condena no recuerdo si fue de seis o de siete años, dejó a sus dos niñas, una de un año y medio y la otra de solo tres meses, con una amiga. Al marido lo perdió casi enseguida; él era demasiado joven para soportar la soledad que traería este distanciamiento forzoso. Zoila cosía por encargo desde la cárcel para contribuir al sostenimiento de sus hijas y de paso, si sobraba algún retacito, lo aprovechaba para hacer ropa a las niñas. De vez en cuando le dábamos una mano en la costura, haciendo un falso, montando una trencilla, poniendo los botones. De esa manera, le mostrábamos nuestra solidaridad y la hacíamos sentir menos sola.

El G-2 la interrogaba con cierta frecuencia sobre un tal Lamas.

—Usted trabajaba en El Baturro, ¿verdad?

—Así es...

—Ese café es el que queda en San Félix y Aguilera, ¿verdad?

—Sí, ahí mismo.

—Sabemos que Lamas frecuentaba ese sitio. Ahora lo tenemos en La Cabaña. Es un tipo peligroso...

—¿Y qué tengo yo que ver con eso?

—No se haga... Él mismo nos dijo que ustedes se conocían y... necesitamos saber todo lo que nos pueda decir sobre ese tipo, para completar la investigación.

—¿Qué quiere que le diga si no sé nada?

—Cualquier información, por simple que parezca, puede servirnos para hacer otros hallazgos... sobre su moral o si alguna vez lo vio con otras personas o si oyó alguna conversación...

—Pero es que yo no sé nada sobre ese hombre. Les he dicho mil veces que no lo conozco personalmente. A lo mejor lo he visto en El Baturro... Pero ahora mismo ni sé quién es, no recuerdo su cara.

—Yo no las entiendo a ustedes las mujeres... Por encubrir a un esbirro como ese se pudren en la cárcel. Le voy a ser franco, ahora todavía puedo ayudarla a conseguir una reducción de sentencia, pero después, ¿quién sabe cuál será su suerte?

Zoilita regresaba a la galera hecha un manojo de nervios.

Cuando nos conocimos más, me confió que en realidad no sabía nada que comprometiera a Lamas y que no iba a mentir para salir del paso. La estaban coaccionando para que declarara en falso y, de hacerlo, se vería implicada de todos modos. Zoilita, que era una mujer inteligente, optó por el silencio y por resignarse a cumplir la sentencia.

∾

Yo creía que la etapa de los interrogatorios se superaba una vez te trasladaban de El Castillito, pero poco a poco fui aprendiendo que no era así. Durante el presidio el G-2 te podía interrogar en cualquier momento, en la misma cárcel o sacándote a otras dependencias del Ministerio del Interior o de vuelta a El Castillito, que era regresar al mismísimo infierno. Y, de hecho, los interrogatorios no terminaban con la condena, porque aun después de haber cumplido, el acoso continuaba con frecuentes visitas de los agentes a la casa y con citas a las oficinas del Ministerio.

Me llegó mi turno en el Vivac, días después del juicio. Oí desde la galera a uno de los guardias que le decía en voz alta a otro:

—Búscame a la reclusa Alicia Rodríguez.

—Alicia Rodríguez, a la reja —dijo el escolta mientras abría la reja que comunicaba al pasillo central—. Venga conmigo.

Hasta ese punto no se me había informado cuál era el propósito y pregunté:

—¿Para qué?

No me contestó la pregunta, pero me dijo:

—Acompáñeme a la oficina.

Lo seguí hasta un cubículo aparte con un escritorio y dos

sillas. Señalándome una de las sillas, el guardia me indicó que me sentara, y se fue sin decir más.

Después de un rato llegó el agente del G-2 y ocupó la otra silla sin que mediara palabra. Abrió una carpeta negra y le echó un vistazo por encima. Entonces fue que se dirigió a mí y me preguntó:

—¿Su nombre completo?

—Alicia Rodríguez González.

—Según su expediente tiene una condena de veinte meses o cinco años —se regodeó exhibiendo su control de la situación mientras afirmó—: No es mucho y podría ser menos, o más, eso depende de usted.

Guardé silencio, aunque esperaba un zarpazo en cualquier momento, porque todo ese rodeo me parecía demasiado simple. Entonces arremetió:

—¿Qué tiene usted en contra de la Revolución?

—Nada… —contesté la pregunta en voz baja.

—¿La Revolución le ha quitado algo?

—No, no es eso.

—Entonces, ¿qué es?

—No me gusta ver ondeando el trapo rojo junto a mi bandera.

—Usted no se arrepiente de lo que ha hecho, ¿verdad?

—No puedo arrepentirme de nada, porque yo no he hecho nada; no he puesto una bomba, no he hecho sabotaje, no he matado a nadie, por un chorro de años luché contra Batista y me consideraba una revolucionaria… pero ahora no sé ni donde estoy parada.

Me miró pasmado, por primera vez a los ojos. Luego, se mostró indiferente mientras anotaba en el expediente: *Convicta por convicción.*

—¡Escolta, terminamos ya! ¡Puede llevarse a la reclusa!

Y… de vuelta a mi galera. No había marcha atrás. Reitero que mi suerte estaba echada.

∾

Cuando se reanudaron las visitas a fines de noviembre, Jaime fue el gran ausente. Más me alarmó comprobar que en su lugar mi pequeña era quien traía la jaba diaria. En eso, recibí una carta aclaratoria de mi hija Grisela, en la que me decía entre líneas algo que me dejó de una pieza:

Te diré que a mi papá lo vinieron a buscar unos amigos y se lo llevaron a pasar con ellos una temporada en la casa que construyó mi abuelo.

Sin lugar a dudas, significaba que Jaime estaba detenido en El Castillito. En enero de 1963 lo trasladaron a la cárcel de Boniato a cumplir una condena de diez años. No me extrañó la noticia. Jaime se arriesgaba mucho. Pero me preocupaba sobremanera el desamparo de doña María (mi suegra), mis hijas y mi nieta.

El mediodía era especial para las presas. Teníamos vista a la calle Padre Pico y, entre los barrotes de hierro de las ventanas, velábamos la llegada de los familiares que traían la jaba con la comida del día.

∾

Al mediodía, en cuanto llegaba de la escuela, mi hermana, la Gris, me mandaba al Vivac con la jaba de mi mamá. Gris insistía en que mi papá ya no estaba para ayudar y que tenía que poner de mi parte. Además, no me podía pesar, porque era algo que hacía por mi mamá... Pero aquello era un embarque. Todo el mundo tratando de meterse delante de ti, y algún tipejo sinvergüenza repellándote. Por otro lado, Marino, el diablo que recibía la jaba, no la cogía si no le dabas propina, y te dejaba allí, incrustada en la reja, para lo último. Lo único bueno de aquel mandado era llamar a mi mamá cuando pasaba frente a unas ventanas enrejadas donde estaban las presas. Aprovechaba y le tiraba un beso y le decía que la quería mucho. Ella me gritaba que me quería también o me daba su bendición. Y no hay como la bendición de una madre.

Aquel camino de regreso a la casa se me hacía largo, larguísimo. Sentía que cada paso me alejaba más de ella, de mi madre. Y como iba sola, sola lloraba. Y el día que no lloraba con lágrimas, me sentía peor, porque lloraba por dentro.

EL PAN NUESTRO DE CADA DÍA

Un día hice algo terrible. Me picó el hambre y a pellizcos me comí el pan que le llevaba a mi mamá. El pedazo, que no llegaba a media barra, era la cuota diaria para todos los de la casa. Nos sacrificábamos todos para llevarles algo de comida a los presos. Ni lo pensé. Si lo hubiera pensado no lo hubiera hecho. Cierto es que el hambre es mala consejera. Al día siguiente, me dejaron de última para entregar la jaba. Todos los familiares de los presos se habían ido, cuando me hicieron entrar y me registraron, porque el director del Vivac necesitaba hacerme unas preguntas. Estaba asustada, pero cuando me subieron a las oficinas, allí estaba mi mamá, que había protestado por la falta del pan en la jaba. Me sentaron junto a ella y el director me preguntó con dureza:

—Queremos saber si en la jaba de ayer había pan.

Se me aflojaron las piernas a lo trágame tierra… pero esto era en serio y tuve que admitir mi falta.

—Sí, señor, venía el pan, pero me dio hambre y me lo comí en el camino.

Aquel hombre gigante se volvió un energúmeno insultando a mi madre con palabras que no puedo repetir contra ella. Mi mamá me abrazó, me besó en la frente y me dijo al oído que no me preocupara, que como siempre se perdían cosas en la requisa de las jabas, ella pensó que el pan se lo habían comido los carceleros.

Otro miliciano nos interrumpió y me bajó hasta la salida. Desde entonces mi mamá no quiso que le lleváramos pan.

∾

Yo no me apartaba de la reja para ver crecer a mi hija, pero a la vez sentía tristeza de saber que ella debía enfrentarse al ambiente de la cárcel con solo diez años. No era justo. Por eso, hasta cierto punto me alegré el día que, sin previo aviso, me montaron en un carro celular para ser trasladada a la prisión de Guanajay al otro extremo de la isla.

RECLUSORIO NACIONAL DE MUJERES DE GUANAJAY

El traslado por carretera duró alrededor de doce horas. Compartí la travesía con Giraldina Núñez, Luzdelina Ortiz, Leydi Puente, Emilita Asef, Berenice Pantoja, Carmen Rodríguez, la doctora Caminero, María Forjas y Miriam Pérez. Estos son los nombres que recuerdo, aunque tengo otros rostros en la memoria que no atino a reconocer por nombre. En total éramos dieciocho mujeres apiñadas en un carro cerrado, sentadas en dos bancos de madera paralelos. En el centro tuvieron la cortesía de poner dos cubos para vomitar y orinar durante el viaje. El calor, el continuo movimiento y la peste hicieron que algunas nos mareáramos. Nos escoltaban, además del chofer, dos militares con arma larga junto a cada puerta. Cuando salían a tomar aire y ver qué aparecía de comer en breves paradas hechas en su beneficio, aprovechábamos para orinar sin testigos del sexo opuesto.

Uno de los milicianos me miraba con insistencia. De repente me preguntó:

—¿Usted es maestra?

—Sí —le contesté sin pensar mi respuesta.

—¿Dónde trabajaba?

—En la Anexa. Daba el preescolar.

—¿En la escuela del barrio Chicharrones?

—Ah, bueno... Hace años de eso... Enseñé en Chicharrones

como en el 43. Y antes di todos los grados primarios en la escuela rural de Tierra Buena, que queda en el entronque de Gibara y Velasco. Allí solo se llega a caballo.

—¿Usted no se acuerda de mí?

—A ver... —Me fijo en su cara—. De verdad que no. No soy buena fisonomista y son muchas las caritas.

—Yo soy Joseíto, Joseíto Morejón... Usted me recogía de la calle todos los santos días y como estuviera, descalzo, sin camisa, como fuera, me metía en el aula y me daba lápiz y papel... Con usted no había quien se comiera la guácima.

Enseguida le dijo al otro:

—Vamos a abrir la puerta, que aquí nos estamos asfixiando por gusto.

—No, compañero, no creo que sea una buena idea. Nosotros respondemos con cárcel si una de las presas se nos escapa.

—¡No comas mierda, chico! ¿Tú no ves que estas mujeres no son ningunas criminales? —le contestó con energía, mientras empujaba una de las puertas, que no se cerró hasta la entrada a La Habana.

Finalmente, llegamos a la cárcel de Guanajay, en Pinar del Río. Aquello era un mundo de grande. Tenía varios edificios con pabellones distantes unos de otros: A, B, C y D (con altos y bajos). Además, había un pabellón de castigo conocido con el nombre de Las Tapiadas. Un patio descampado separaba los vetustos edificios y facilitaba la constante vigilancia de las postas.

En Las Tapiadas unos bloques de concreto tapaban los barrotes de las ventanas que daban al patio, a manera de tapia. De ahí derivó su nombre. Planchas metálicas sellaban las rejas de entrada; una mirilla se abría una vez al día para introducir una ración de agua y comida por presa. La luz no penetraba ni para verse las manos. No había tampoco luz eléctrica, ni agua corriente, ni condiciones sanitarias, ni muebles de ningún tipo...

Dejaban ahí a las mujeres en ropa interior, a merced de las plagas de mosquitos, jejenes y ratas. De estos detalles nos fuimos enterando poco a poco. Lo primero que nos llegó de ese pabellón infernal fue "La internacional" a todo volumen:

¡Arriba los pobres del mundo...!

La tocaban por altoparlante para acallar los gritos de protesta de las castigadas.

Después del papeleo de ingreso nos entregaron el uniforme. De inmediato me dio en la nariz el tufo a orines de gato y, sin pensarlo dos veces, le caí atrás a la miliciana que distribuía los uniformes:

—Mire, con su permiso...

—¿Qué pasa?

—¿No me puede cambiar el uniforme por otro? Este huele mal.

Levantó los ojos con cejas y todo, y dirigió una mirada como centella a la superior que manejaba los expedientes. Esta última estaba en la movida e intervino con sorna:

—¿No ves que la doctora es una señorona y el uniforme le apesta?

—¡Aquí los títalos se dejan en la pota 1! —Según hablaba, se alejaba.

La otra sonreía como si se me hubiera ocurrido algo de otro planeta... porque por más que se iniciaran los viajes al cosmos, los felinos seguían marcando su territorio en la tierra.

Lo del uniforme solo fue un detalle de bienvenida para que yo reconociera cuál era mi lugar. A partir de ese momento supe que era una presa más del montón.

∾

En Guanajay dejé de ser una persona para convertirme en un número. Había que caminar con las manos en la espalda y si veíamos un militar, estábamos obligadas a decirle *con su permiso, permiso para pasar, permiso para esto y permiso para lo otro.*

En el Reclusorio no había condiciones higiénicas, ni desinfectantes o detergentes para la limpieza. Se barría y, cuando se podía, se asperjaba agua para aplacar el polvo. El agua era escasa y turbia. Nos aseábamos a jarrito. Las rasquiñas e infecciones con trichomonas y monilia eran comunes. Y la asistencia médica, imposible. En el comedor, las moscas pululaban sobre la comida. ¡Y qué comida! Escasa, desabrida y parecía preparada para animales.

Por la noche, las celdas permanecían intensamente iluminadas para facilitar la vigilancia. Lo único que deseaba era la llegada del día, para librarme de las picadas de los mosquitos. Además, a las recién llegadas nos tocaba el suelo o las peores literas. A las tres, cuatro o cinco de la mañana llamaban para el recuento.

Los primeros momentos son los más difíciles; todo lo que enfrentas te aleja de lo acostumbrado. Nada es lógico. Con el tiempo y un ganchito, nos fuimos acomodando. La que tenía mosquitero se unía a una que tuviera litera, y así íbamos resolviendo el problema inmediato.

Me tocó el pabellón C altos, y fui conociendo las historias de las presas, todas con sus poquitos inquietantes y perturbadores, detalles que se pierden y recuperan en el flujo traicionero y caprichoso de la memoria.

Compartí la celda con Nora Ríos, de Bayamo, encausada como criminal de guerra y condenada a quince años de prisión. Siempre supo que yo no era batistiana y que había apoyado al Movimiento 26 de Julio en sus inicios. Pero el espacio de la celda que cohabitábamos era demasiado reducido, y en igualdad de condiciones no cabían estas diferencias. Básicamente, yo era la recién llegada y ella fue quien me instruyó de lo prohibido o permitido en el penal. Nos llevábamos bien y me atendió en ocasiones que estuve enferma.

Aún recuerdo mis primeros días en el pabellón: tenía una fiebre volada y no deseaba ni comer. Solo quería cerrar los ojos y dormir... como si pudiera desaparecer, dejando atrás aquella celda estrecha que sería por mucho tiempo el único paisaje que vería. Entre escalofríos y sudores, veía todo borroso. Buscaba una dirección que no encontraba, puerta por puerta, zaguán por zaguán, las calles de Santiago de Cuba eran inmensas. No encontraba mi casa, aunque desconocidos me daban las señas. Ya agotada, me dejé ir de la ciudad a la Gran Piedra y de la montaña al mar, para remontar el vuelo de las gaviotas sobre el espejismo del horizonte.

Hubo visita, pero no para mí (en casa todavía no conocían mi paradero). A Nora le traían frutas de Bayamo (que en general no se llevaban al penal porque pesaban mucho y restaban capacidad a la jaba mensual de veinte libras). En medio de mi malestar vi cómo ella abría la fruta y la cortaba en pedacitos. De repente, se me apareció junto a la litera con un plato. Nunca me supo mejor ni me cayó tan bien la papaya.

Mis cosas venían en el equipaje que me devolverían algún día. Y estar sin mosquitero en Guanajay era como decir desnuda, pues a la hora del crepúsculo los mosquitos entraban en bandadas al ataque. Teníamos que cubrir las pocas ventanas con sábanas y quemábamos papeles, trapos, pedazos de yute o lo que apareciera, para hacer humo. La noche era un infierno.

Nora me dio un mosquitero que medía un pie de alto, más la parte de arriba, pero como la litera de lona estaba hundida, me alcanzaba bien y hasta me sirvió para entretenerme, cosiéndole parchecitos para taparle los huecos. Fue una de las pertenencias que más lamenté perder de vista.

En la celda contigua estaban La Madre y Sara del Toro (que tejía como una araña). Todas las mañanas me despertaba el aroma del café recién colado y me brindaban un buchito. Un detalle insignificante en otras circunstancias, pero allí y sin nada, ayudaba a comenzar el día.

Conocí a la doctora Olga Herrera, una mujer culta, pero muy nerviosa. Obsesivamente se lavaba las manos, y luego lavaba el jabón para limpiarlo. Motivos tenía para estar desajustada. ¡Estaba condenada a muerte! Después de estar en capilla, su ejecución fue suspendida por el escándalo que se armó a nivel mundial desde el exterior. Gracias a las protestas de la comunidad cubana en el exilio, le conmutaron la sentencia a treinta años.

El 26 de septiembre de 1960, Fidel Castro se encontraba en la ciudad de Nueva York discurseando ante la Organización de las Naciones Unidas. Mientras tanto, frente a las instalaciones de la ONU, tenía lugar una manifestación sin precedentes. Castro se vio obligado a declarar ante la prensa internacional que en Cuba no se fusilaban mujeres y ordenó de inmediato detener la ejecución de la doctora Herrera. Defender una vida siempre es relevante, pero la mayor importancia de esta acción se extendió a prevenir que otras cubanas fueran fusiladas.

Blanquita Sainz, de 62 años de edad, era una habanera conocida en el ámbito de la música como pianista clásica. A su dirección llegaron varias cartas comprometedoras dirigidas a su hermano médico. El doctor Perfecto Sainz fue condenado a veinte años, pero su peor castigo fue que a su hermana le echaran tres años de prisión. Hicimos buena amistad. Ella era de las mayores, pero no la mayor.

María España, una mujer mayor, de edad indefinible, cayó presa con sus dos nueras por encubrir a sus hijos. ¿Dónde se ha visto que una madre señale a su propio hijo? ¿Cuándo se ha visto a la mujer cubana como la delatora del padre de sus hijos? Nunca.

Yo creo que María España era un apodo, de los que usábamos para no estar mencionando a nadie en la prisión. Lamentablemente, ahora esto me impide recordar muchísimos nombres propios. Sin embargo, no olvido los hechos alrededor de estas mujeres. Las nueras eran Francisca Saavedra e Isabel Florenda.

La familia cubana siempre ha sido muy unida, en las buenas y en las malas; con virtudes y defectos, la familia es la familia… Ahora nos quieren vender la idea de que la Revolución está por encima de todo, pero si atenta en contra de la familia, traiciona, en lo esencial, uno de los principios inherentes a la patria.

Y las mujeres, indiscutiblemente, somos el tronco de la familia cubana. Somos las que educamos a los hijos… con la madre, las abuelas y las tías, todas participamos en la crianza y el cuido de los niños. La mayoría de las mujeres son amas de casa, pero las que decidimos trabajar o ejercer una profesión sabemos que los niños no quedan abandonados, por la unión que hay en la familia. La mayoría de los hombres, por lo general, se atienen y toman por bien hecho lo que decidamos con respecto al hogar y los hijos. Ahora hay que tener mucho cuidado, porque si los niños y las niñas están todo el tiempo en la escuela (hasta los domingos) y cuando no, en el Círculo Infantil o en los Pioneros —y en cuanto levantan una vara del suelo, ya los becan y van a dar al otro extremo de la isla o a la Unión Soviética—, ¿de quién van a recibir sus principios? ¿Quién responderá el día de mañana? La mujer cubana no puede dejarse llenar la cabeza de bazofia. Y tenemos que preguntarnos si lo que se decía de la Patria Potestad fue una "bola" o si, en efecto, en algunos casos se ha cumplido.

Hoy por hoy en la dirigencia del país no hay una buena representación de las mujeres. Entre los cien miembros del Buró Político, el Secretariado y el Comité Central del Partido Comunista, solo hay cinco mujeres: Vilma Espín, Elena Gil, Celia Sánchez, Haydée Santamaría y Clementina Serra. El resto de las que se consideran integradas bailan (o marchan) al son que les toque el Estado.

Es por demás una relación paternalista; la obediencia absoluta de la mujer es indispensable. Es una de las contradicciones que jamás podré asimilar: ¿cómo se puede ser una revolucionaria y a la vez una mujer sumisa?

La voz de la mujer, o las múltiples voces de las mujeres de la base del pueblo, no tienen un mecanismo articulado dentro del gobierno que seriamente las tome en cuenta dentro de una dialéctica verdaderamente revolucionaria. La Federación de Mujeres Cubanas no representa a las mujeres en el gobierno; más bien es un organismo en función de los intereses del Estado que capta a las mujeres para llevar a cabo sus programas. Vilma Espín, su presidenta, está casada con Raúl Castro.

Las mujeres tuvimos derecho al sufragio en el año 1933. Este paso de avance para la mujer cubana la insertaba definitivamente en el quehacer político de la nación, a la vez que garantizaba su participación en el proceso democrático a través del voto, lo que fue a dar al traste cuando Fidel Castro tomó el poder en 1959. Desde entonces, en Cuba no se celebran elecciones libres.

En Cuba las mujeres mandan fue un lema para impulsar la participación de las mujeres en las elecciones. No estoy segura, pero creo que fue Grau San Martín quien lo dijo. No obstante quien lo dijera, exageraba, porque el poder político en Cuba siempre ha estado en manos de hombres. Y la trayectoria de la mujer hacia ese poder político ha sido obstaculizada por la prepotencia de la testosterona masculina. Llamémosle machismo.

Por cierto, ya octogenario, el doctor Grau San Martín, expresidente de la República, visitaba el penal para ver a su sobrina Polita (María Leopoldina Grau), que era presa política, como Carmen Rosa Lora, nieta del general Saturnino Lora, patriota de la Guerra de Independencia que participó en la gesta gloriosa del 24 de febrero de 1895. Las tres coincidimos en el pabellón C altos.

Se decía que Carmen Rosa, una católica de misa diaria, salía de la iglesia la mañana de su arresto. Varios milicianos la siguieron y le requirieron que entregara una copia falsa de la Ley sobre la Patria Potestad que llevaba en su cartera. Asustada por la violencia del momento, empezó a gritar en un ataque de pánico. En el forcejeo, uno de los milicianos desenfundó y disparó al aire, con el arma cerca de la cabeza de la mujer. Lora no resultó físicamente herida, pero sí sufrió un fuerte trauma emocional que se manifestaba a través de un tristísimo silencio y aislamiento.

Hacíamos verdaderos esfuerzos para motivarla a conversar con cualquier pretexto, siempre alejándonos del tema político, por supuesto, para que se relajara. Podíamos hablar de nuestro pasado, religión, puntos de tejido, versar sobre cualquier tema... y la Lora no participaba, hasta que, por fin, aprendimos a acompañarla en su silencio y fue superando el pánico de los primeros días.

Podíamos hablar a ratos, mientras no pasara una llavera, porque las reuniones entre las presas estaban prohibidas, así que teníamos que ser discretas y no soltar mucho la lengua, porque las milicianas empezaban a atar cabos sueltos y hasta a inventar historias que nos podían meter en problemas. Las presas, además, guardaban con celo sus secretos, ya fueran sobre su causa o de índole personal.

Yo, por ejemplo, no acostumbraba a hablar de mi hijo Iván. Mi tranquilidad era saber que mi hijo varón estaba en Florida en casa de mi hermano Eduardito... lejos, muy lejos de todo lo que estábamos pasando en Cuba. Lo mandamos allá en el 60; pensábamos que nuestra separación sería temporal, cuestión de meses. En ningún momento anticipamos que íbamos a pasar tantos años separados, resultando en el abandono de nuestro hijo.

Después supe que el muchacho rodó como papa caliente hasta que fue a dar a Vietnam, de donde regresó hecho todo un hombre... un hombre complejo, que arrastra un par de traumas de guerra y ajeno a nuestra circunstancia.

∿

Conocer los casos de las presas me llevaba inevitablemente a la reflexión martiana y me venían a la mente pensamientos del Apóstol, que desde mi niñez había memorizado, sobre la naturaleza de la república que soñó Martí:

Yo quiero que la ley primera de nuestra república sea el culto de los cubanos a la dignidad plena del hombre... O la república tiene por base el carácter entero de cada uno de sus hijos, el hábito de trabajar con sus manos y pensar por sí propio, el ejercicio íntegro de sí y el respeto, como de honor de familia, al ejercicio íntegro de los demás, la pasión, en fin, por el decoro del hombre, o la república no vale una lágrima de nuestras mujeres ni una sola gota de sangre de nuestros bravos.

Claro está, al día de hoy tenemos que reconocer que esto no es una república democrática, por más que los membretes impresos a la cabeza de los documentos oficiales digan lo contrario. Para empezar, después del triunfo de la Revolución, nos quedamos esperando las elecciones. Y la Constitución ha sido modificada a conveniencia las veces que ha sido necesario para justificar los abusos del actual gobierno.

Era una época de excesos y persecuciones. Muchas armas en la calle y los resentimientos de las luchas de clases a flor de piel. Las milicias, formadas en su mayoría por jóvenes pobres, carecían de formación y disciplina militar. La manipulación ideológica les había declarado guerra abierta a los ricos, a la clase media, a los comerciantes y a los guajiros terratenientes, para justificar las confiscaciones de los bienes y los desmanes de las nuevas reformas impuestas.

Ahora recuerdo que en Guanajay estaba Mercedes Pina, una mujer adinerada, dueña de centrales azucareras en Occidente. Le echaron veinte años... y, por supuesto, la despojaron de todos sus bienes.

Había gente feliz con las expropiaciones a los poderosos, pero no calcularon la gravedad del asunto. En poco tiempo, desapareció toda empresa privada, fuese grande o pequeño el negocio, bienes malversados o el fruto del trabajo honesto. Y toda fortuna, grande o pequeña, desaparecía, porque ahora todos seríamos iguales: igualmente pobres. La Revolución se ocuparía con urgencia y eficacia de crear una sociedad donde la pervivencia de *los pobres del mundo* dejaba de ser letra de un himno entonado en el Kremlin, para convertir en filosofía de vida el cultivo de la pobreza en Cuba.

Por otro lado, el gobierno daba de lado a las iglesias y a sus líderes, para eliminar la injerencia de los religiosos en el Estado. Los cambios eran radicales y sorpresivos para los ciudadanos, que apenas podíamos asimilar lo que sucedía de un día para otro... y el más mínimo paso en falso se problematizaba bajo la acusación de actuar en contra de los poderes del Estado, de ser un elemento desestabilizador o hasta de ser un agente de la CIA.

En estas divagaciones andaba yo de un lado para otro en el tiempo. Del presente inmediato al siglo XIX, examinando las posturas de los primeros revolucionarios de nuestra historia. Y del XIX volvía al XX, repasando una y otra vez la evolución de la política cubana. Era lo mejor que podía hacer una encerrada entre cuatro paredes para no volverse loca, o quizá mi obsesión de encontrar una explicación al caos era lo que me llevaba a escapar de la realidad en estos viajes.

También me daba cuenta de que era un ente político. Que no podía, a esas alturas de mi vida, renunciar a los principios humanistas dentro de los cuales me había formado ideológicamente. No puedo ni quiero transar con este desastre que dice ser una revolución.

∿

Volviendo a las historias de aquellas presas que fueron utilizadas como rehenes, no puedo omitir que hubo tristes casos de mujeres que cumplieron largas condenas, aunque a los esposos los apresaron y fusilaron. Ofelia Rodríguez Roche, casada con Francisco Cid (fusilado en 1969), cumplió catorce años y medio. También Olga Rodríguez, casada con el norteamericano William Morgan (fusilado en 1961), cumplió once años. Georgina Cid, hermana de Francisco, cumplió 16 años de prisión. Entre muchas, recuerdo en especial estos nombres porque, como yo, eran revolucionarias que habían luchado en contra de la dictadura de Batista y luego, en contra de la agenda comunista de Fidel Castro.

A estas mujeres con frecuencia las interrogaban y contrainterrogaban los agentes del G-2. Las sometían a una gran presión psicológica y a todo tipo de trampa para doblegar su voluntad de silencio y obligarlas a transar. Los interrogatorios podían ser a cualquier hora del día o de la noche, en días imprevistos, y duraban de una a tres horas. En ocasiones, llevaban a la prisionera varios días a Villa Marista, que era el centro de interrogatorios del G-2 en la Habana, donde muchos disidentes (hombres y mujeres) han muerto por el rigor de las torturas, sin que se dieran posibles explicaciones.

Cuando llamaban a una presa a la reja, tenía que estar lista. Por eso siempre dormíamos vestidas. Un día llamaban a una a la reja, y cuando la presa se presentaba, como si nada, con gran tranquilidad le comunicaban que su esposo resistió al arresto y fue ejecutado, o que confesó y fue fusilado, o sencillamente que era viuda. Las que teníamos al esposo en la mirilla de los agentes de Seguridad del Estado vivíamos con esa angustia.

Las presas nos apoyábamos en estos momentos de dolor. Las viudas, sin otros afectos cerca, enfrentaban el dolor de su pérdida, sumiéndose en una profunda depresión o en una actitud de rebeldía, ambas reacciones en detrimento de su salud mental y física. Otras no resistían el dolor y las presiones, e intentaban suicidarse.

Me considero una mujer de carácter, y dentro de la situación, que no era nada fácil, ponía de mi parte para no dejarme caer y sobrellevar mi condena con entereza. Tenía que mantener cierto control sobre mis emociones, para poder sobrevivir aquella pesadilla. Sin embargo, recuerdo un día en específico como uno de los más tristes de todos los que pasé en la cárcel. Fue cuando leí una carta de mi amiga y compañera de estudios Justa García.

Mi queridísima Alicia:

Espero que al recibo de esta te encuentres en buena salud.
Nosotros, todos los de la casa, estamos consternados por la
muerte de Fernandito.

El Señor, en su infinita misericordia y sabiduría, muy por
encima de la nuestra, lo llamó a morar con Él.

Nosotros tenemos que darle gracias a Dios, porque el hermano
Fernandito ya descansa en paz, después de tanto sufrimiento a
causa del cáncer que padecía.

Quiero que sepas que en el velorio y el entierro Fernandito
no estuvo solo. Junto a los familiares más cercanos, amigos y
compañeros del magisterio lo acompañamos en la partida hasta
el Cementerio de Santa Ifigenia. Y yo estuve presente en tu lugar.

Bueno, Alicia, que el Señor, que todo lo puede, te dé el consuelo
y la conformidad ante esta pérdida irreparable para todos.

Y en los años que te quedan para cumplir tu condena, cultiva
la paciencia, que es paz y ciencia, la ciencia de la paz.

Sin más que decir. Tu amiga y hermana,
Justa

Alicia, Faustina y su amiga Justa

La carta llegó a mis manos con semanas de retraso. Así fue como me enteré de la muerte de mi queridísimo hermano Fernandito. Aproveché para llorar todos los llantos que había callado.

Una de las más jóvenes cantaba mientras barría su celda. Era una composición popularizada entre las muchachitas que decía: *Si las viejas se murieran todas, / las muchachas gozarían más...* Mercedes Honorinda, una compañera del D que era una dama, le indicó que considerara mi luto:

—Mira, muchacha, Alicia se acaba de enterar de la muerte de un hermano. No es para estar en la bachata... Hay que respetar el dolor ajeno.

La jovencita guardó silencio de mala gana, no sin antes torcer los ojos y apretar la boca. Siguiendo el consejo de Justa, por la paz, debíamos calmarnos:

—Déjala, Mercedes, bastante tiene la pobre muchachita con estar metida en este hoyo.

—Nosotras estamos en las mismas.

—Sí, eso es cierto, pero considera que tanto tú como yo le llevamos ventaja; crecimos en un hogar unido, tuvimos el amor de nuestros padres, el don de la amistad, la educación de la casa y una juventud que ella no conocerá jamás, sencillamente porque nació alejada del lado bonito de la vida. Y todavía sabrá Dios lo que le espera en este ambiente de cárcel.

Cuando apresaban a una menor, por lo general la condenaban hasta que cumpliera la mayoría de edad, que es hasta los veintiuno. Eso si tenía buena conducta; si no, acababa con meses adicionales, lo que se llamaba una condena extendida o revisada. María Forjas, Leydi Puente (de 18 años), Ana Berta Páez (de 13 o 14), Vivian Moro Fleites (de 19) y Luzdelina Ortiz (de 18) eran las prisioneras por causa política menores de edad que recuerdo ahora. Además, las presas comunes menores de edad eran muchísimas.

Era lamentable que estas menores de edad tuvieran que convivir con presas adultas, inclusive con algunas mujeres violentas que habían cometido crímenes comunes. Ese era el caso de Luzdelina y de La Fiera.

A La Fiera nadie la quería de compañera de celda, porque era una tipa, además de grosera, brabucona. Se enredaba a golpes con cualquiera hasta por un cubo de agua. Luzdelina era todo lo contrario: una muchacha educada, de buenos modales y principios.

Cuando Luz llegó al penal, La Fiera, que vivía a sus anchas, pues tenía la celda para ella sola, resintió a la intrusa, pero no había más remedio que compartir el espacio. A Luz le tocó la litera de abajo.

Una noche, Luz tuvo que despertar a La Fiera, que padecía de incontinencia y se había orinado en la litera.

—Usted me está orinando —se dirigió a la de arriba con respeto y la mesura que la caracterizaba.

La Fiera no sabía dónde meterse.

—¡Ay, qué pena... qué pena... perdóneme!

Luzdelina aprovechó esta coyuntura para ponerle los puntos sobre las íes a La Fiera en cuanto a los límites de su territorialidad en la celda y sobre su falta de cooperación en mantener la limpieza.

A la mañana siguiente, las vieron juntas lavando las sábanas y en los trajines del aseo. Como pólvora voló la historia de la fierecilla domada, de celda a celda, a lo largo y ancho del pasillo del pabellón. Luego, de pabellón a pabellón, llegando a los más recónditos rincones del penal. Fueron la comidilla de una semana completa. Teníamos que aprovechar la novedad para matar el tiempo.

Luzdelina Ortiz era guantanamera; cumplió tres años de prisión por estar en el lugar equivocado a la hora equivocada.

Excursión a la Gran Piedra. Alicia es la quinta de izquierda a derecha.

Alicia disfrazada para actuar en una obra de teatro de la Escuela Normal

El lugar equivocado era la casa de Giraldina Núñez, quien se responsabilizó por los hechos y cumplió una larga condena. La hora equivocada fue cuando rodearon la casa para detener a dos "espías contrarrevolucionarios", quienes no se entregaron y murieron en el tiroteo.

La familia de Luzdelina hizo un sinnúmero de gestiones en vano para que le perdonaran la condena. Durante tres años sus interrogadores intentaron que se declarara culpable y pidiera perdón, pero Luzdelina cumplió afirmando: *No puedo pedir perdón por un delito que no he cometido.* Siempre mostró su temple.

∾

A fines del 62 llegó un grupo de presas rebeldes que fueron a parar directamente a Las Tapiadas. Venían del Vivac de Baracoa. Enseguida recordé lo que Adria Sosa nos había comentado en el Vivac de Santiago.

La historia me la confirmó Margot Rosselló:

Seleccionaron un surtido de entre las presas políticas de todos los pabellones... en total sesenta. Sin decirnos a dónde ni para qué ni por cuánto tiempo, nos llevaron al aeropuerto militar Columbia, nos metieron en un avión hasta Guantánamo, y de ahí nos montaron en un camión como si fuéramos reses para coger la carretera hasta el Vivac de Baracoa. En el trayecto hubo de todo: insultos, intimidaciones, empujones y hasta golpes. Algunas llegamos muy lastimadas. Lo que nunca nos dieron fueron explicaciones. Con el tiempo, logramos que nuestros familiares supieran de nuestro paradero... pero seguíamos incomunicadas.

Entre las presas iba una recién parida con la bebita de 23 días de nacida en brazos, de apellido Fernández del Cueto. También, Isabel Molgado, Genoveva Canabal, Caridad Roque, Ana Lázara

Rodríguez, Teresita Vidal, La China Polo, la doctora Isabel Rodríguez, Adria Sosa (que por cierto, de momento la trasladaron no sabemos a dónde)… Allí pasamos la crisis de los misiles. Fue terrible. Nos tuvieron bajo constantes amenazas. A los seis meses, de igual manera, nos regresaron a Guanajay para estrenar Las Tapiadas.

A Mercedes Rosselló, una hermana de Margot que estaba en el pabellón B, no se la llevaron con el grupo, pero la separación y la incertidumbre sobre el destino de su hermana la angustiaban. Durante la estadía de Margot en Baracoa, murió su padre, de quien no pudieron despedirse. Margot me confesó: Es un dolor que no he podido superar.

∾

La persecución de la Seguridad del Estado no se limitaba a individuos, sino a las familias. Eran muchísimas las familias que tenían más de un preso. La nuestra no fue una excepción. La historia del presidio político en Cuba se distingue por la persecución a la familia de los presos, cuyos miembros de inmediato eran considerados sospechosos y eran, además, objeto de la más burda discriminación política y social. La pena llegaba de una manera u otra a todos los miembros de la familia.

Recuerdo el caso de Silvia Castellanos, de Guantánamo, quien purgaba una condena de veinte años, de los que cumplió trece. Era viuda de Francisco Castillo, un policía muerto en un atentado perpetrado por un grupo de revolucionarios en 1957. Ella me contó que...

En 1958 aspiraba a un puesto de concejal en el gobierno de Batista. El 1ro de enero de 1959, me sacaron a rastras de mi casa y bajo una lluvia de piedras me llevaron al Instituto del pueblo, habilitado como cuartel porque la cárcel no era suficiente para encerrar a la gente de Batista en Guantánamo. Éramos cientos los *detenidos. Y a muchos de los hombres que estaban allí los llevaron directamente al paredón, porque eran militares del ejército depuesto. Las autoridades arengaban a las turbas, permitiéndoles apedrear, escupir, amenazar e insultar a los detenidos. Hasta por los tejados se subían para acertar con las piedras. Aquello fue lo nunca visto... el acabose... Llegué a creer que nos iban a linchar. Nos dejaron allí diez días. Luego nos trasladaron a la cárcel de Guantánamo por dos meses... Y por último, pasamos dos días en el Vivac antes del juicio. Todo este tiempo mi hijo Vidal, de 12 años, estuvo conmigo.*

Después del juicio, cuando trasladaron a los presos, el niño se quedó deambulando por las calles. Tocaba puertas de vecinos y amigos que no se abrían. Nadie se atrevía a acogerlo por temor a las turbas. Tampoco podía regresar a su casa, que habían saqueado. Se llevaron los muebles, la ropa, las sábanas, las toallas, las cacerolas, los juguetes, los santos... Lo que dejaron estaba destrozado y tirado por donde quiera que pasó la violencia. Él quedaba solo y aterrorizado por la experiencia con las turbas. Por fin, su tío lo recogió y lo ocultó en su casa hasta que el furor de esos días cesó.

Vidal se hizo hombre, de prisión en prisión, siguiéndole el rastro a su madre.

La familia de Yolanda Martínez fue otra de tantas que sufrieron persecución. Te lo cuento como ella me lo contó, porque sería un crimen faltar a la verdad:

En julio de 1961, allanaron nuestra casa en Santa Clara. Era un número considerable de milicianos bajo las órdenes del teniente Tirson. Llegaron a las 5:00 de la mañana, se metieron en los cuartos y nos sacaron de las camas. Y se quedaron apostados allí, para ir deteniendo a todos los de la familia y a cualquier persona, según fueran llegando. Esperaban coger allí a alguno de los alzados. Se quedaron apostados en mi casa hasta el otro día. Entonces nos sacaron a todos, para llevarnos a Seguridad del Estado. Ese día arrestaron a 300 militantes del MRR en Las Villas, y lo mismo sucedía en Santiago y en La Habana. Fue un duro golpe que desarticuló el Movimiento. Estuvimos en Seguridad del Estado un mes, durmiendo en el piso, hombres y mujeres juntos, no solo los de la familia: era un salón grandísimo y allí metían a todos los detenidos para irlos procesando. A unos los soltaban, a otros los mandaban para otras cárceles. A mi hermana menor Andrea, de 14 años; a mi papá, Carlos Martínez; y a mi mamá, Ana. L. Ramírez, los soltaron después de fichados. También a mi novio, Manolo Guirado. A mis hermanas y a mí nos llevaron a la cárcel Provincial de Santa Clara.

Estuvimos en esa cárcel desde agosto hasta el 21 de octubre, fecha cuando se celebró el juicio. En el juicio había catorce mujeres y siete hombres, y a los 21 nos condenaron. De nosotros, los cinco enjuiciados en la Habana fueron pena de muerte. En nuestro juicio no hubo ningún abogado para defender a nadie. Sencillamente, el fiscal declaró que estaban al tanto de nuestras actividades y que nos juzgarían por convicción. No recuerdo todos los nombres, pero algunas de las mujeres condenadas fueron Delia Fleites y su hija Vivian Moro Fleites (de 19 años), Aidé Álvarez, Migdalia Pérez Cozo, Adelaida Martínez Andrade, Laura Cepero, Mercedes y Aida Molina (que eran hermanas), Carola y Margot Peña (hermanas), y mis hermanas Gladys y Violeta, Olivia Vázquez González, que es hermana de crianza, y yo. Todas de Santa Clara y del Movimiento de Recuperación Revolucionario. Se me ponen los pelos de punta cuando recuerdo que en el traslado de la audiencia del Centro Judicial a la cárcel Provincial de Santa Clara salimos cantando el himno nacional y Aidé Álvarez tuvo el valor de gritar: "¡Abajo Fidel Castro!". Eso fue impresionante, un movimiento espontáneo.

Pertenecíamos al Movimiento de Recuperación Revolucio- naria, porque la verdadera Revolución la hicimos para derrocar la dictadura de Fulgencio Batista. Fidel Castro se apropió del poder como si el triunfo de la Revolución fuera obra exclusivamente suya. Esa Revolución costó la sangre de muchos mártires, sobre todo jóvenes estudiantes y campesinos. Yo era revolucionaria; con ese reclamo me uní al MRR, queríamos recobrar la Revolución verdadera.

En febrero de 1962, a todas nos trasladaron al Reclusorio Nacional de Mujeres de Guanajay. Siempre he estado en el pabellón D y no nos dejan tranquilas; el trato de "gusanas, locas y perras" es constante, y cuidadito con responder. Tenemos una presa enferma, Estela Madruga, a quien no le dan los medicamentos hasta que no damos un toque de lata y formamos una gritería, para que no se nos muera asfixiada en la galera. Cuando les da la gana, las milicianas vienen y la atienden, pero entonces nos castigan por protestar y nos quedamos sin visitas y sin jabas. Y el castigo es parejo para todas, porque entre las presas ninguna señala a una compañera. Pasamos un hambre... Yo estoy desesperada, Alicia, y no intento fugarme porque mis hermanas están presas y Manolo, mi novio, está preso en Isla de Pinos, y tomarían represalias contra ellos.

A Manolo lo detenían y lo soltaban, pero a fines de 1961 lo condenaron a diez años. Él era del Movimiento 30 de Noviembre, organización de estudiantes universitarios cuyo líder era el presidente de la Federación Estudiantil de Universitarios, El Guajiro Ramírez. Cuando Porfirio, que luchó codo con codo con Fidel en El Escambray, se dio cuenta del engaño político, se alzó nuevamente en El Escambray contra Fidel. Cuando lo capturaron, lo fusilaron.

El mayor de mis hermanos, Arnaldo Martínez, vivía en una finca en Cartagena, en Las Villas. En ese sector siempre hubo alzamientos. En 1961 lo metieron en una granja de Camagüey, sin causa ni juicio; lo tuvieron allí tres años por sospechoso. Y como él hay un montón de campesinos del sector metidos en granjas, porque dicen que ayudan a los alzados en El Escambray. Pero el hecho es que al estar nosotras vinculadas con el MRR, ya lo hacía un sospechoso. Alicia, ¿te imaginas lo que mi madre y mi padre están sufriendo? Yo no sé cómo pueden soportarlo.

La fuga no era una opción segura. Las que lo intentaban, tenían que estar escondiéndose de casa en casa. A la corta o a la larga, las capturaban y les iba peor, porque les daban más tiempo en la cárcel. Aun así, se conocían casos de evadidas que salieron de Cuba en lancha. Juntas lo lograron Helga Hernández, Mercedes Yauró y Juanita. Juanita era el nombre de guerra de Aracelis Rodríguez San Román.

Gilberto Rodríguez San Román había logrado infiltrarse en la manigua y murió en combate. A su hermana, Aracelis Rodríguez San Román, la detuvieron en 1964.

Me llevan a Villa Marista, en la Habana, y como parte del interrogatorio, me llevan a la morgue para reconocer el cuerpo, desfigurado por la metralla, de mi hermano Gilberto. A mi cuñado, Lázaro Araya, lo capturaron y lo fusilaron. Y a mis hermanos Gerardo, Rodolfo y Tebelio los condenaron, como a mí, a muchos años. A mí me dieron 22 años de prisión. Nosotros somos de un campo de Pinar del Río. Vivimos en esa finca toda la vida. El gobierno confiscó la finca, obligando a mis padres, ya viejos, a residir en una barriada de La Habana. Los interventores dijeron que tomaban esa medida para evitar que ayudaran a los guajiros alzados en la zona.

La que sí ayudó mucho a los alzados de El Escambray fue La Coronela, que cuando la apresaron tenía como 69 años de edad y le echaron 30. La viejita era todo un personaje. De la gente leal a Batista. Nunca supe su nombre verdadero.

Cuando sacaron a las mujeres de Guanajay, para convertirla en prisión de hombres, trasladaron a Gladys y Yolanda Martínez a una granja llamada Palma Sol, en Las Villas.

Era un campo de concentración donde tenían a las presas sembrando maíz y recogiendo papas hasta de noche, con la luz de los tractores y las milicianas bien armadas detrás de nosotras. Ese es el trato que se les da a los presos en Cuba.

∾

En el pabellón C bajos, luego de más de tres años en prisión, me encontré a Marina García, la asistente personal del comandante Húber Matos en la sierra Maestra. Nos pusimos a recordar el día que entraron las tropas del Ejército Rebelde a Santiago de Cuba, con el triunfo de la Revolución.

Recibimos a las tropas saludando desde nuestro balcón en la calle de Enramadas. Toda la familia allí reunida, en compañía de amigos y vecinos, celebrábamos el triunfo tirando confeti que habíamos picado durante meses esperando ese día cuando por fin pudiéramos gritar a viva voz: *¡Abajo la dictadura! ¡Abajo la tiranía! ¡Que viva Cuba libre!*

Uno de los soldados gritó: *Eso que nos lanzan nos da picazón. ¿Por qué mejor no nos tiran comida?* Consulté a Jaime, mi esposo, y los invitamos a subir a la casa. Pusimos la mesa, compartiendo todo lo que teníamos en la despensa. Mis vecinas, tres muchachas de lo más simpáticas, cruzaron a darnos una mano con los invitados. Fue una verdadera fiesta, de esas que salen mejor porque surgen espontáneamente en la euforia del momento.

Jaime y yo nos sentamos a la mesa con el último grupo que comió, el barbudo a la cabecera se dirigió a mí:

—Yo te conozco de la Escuela Normal. Tú eres Alicia.

—Detrás de esa barba, no tengo idea de quién eres.

—Yo soy Húber.

Me fijé y, efectivamente, reconocí la profundidad de sus ojos verdes. Con él venía Marina. En la calle de Enramadas continuaba el desfile del Ejército Rebelde, que cantaba junto al pueblo: *Adelante, cubano, / que Cuba premiará nuestro heroísmo, / pues somos soldados / que vamos a la patria liberar...* En aquel momento de júbilo y esperanza en un futuro prometedor para el pueblo de Cuba, ninguno de nosotros tenía ni la más mínima sospecha de la gran decepción que íbamos a sufrir.

Horas después, la sangre corrió. Setenta y un hombres fueron fusilados en el campo de tiro de San Juan, cerca de Santiago de Cuba (trámite que diligenció Raúl Castro personalmente, hasta su conclusión). Y en los subsiguientes meses, la matanza se extendió a lo largo y ancho de la isla.

La jerarquía de la oposición batistiana fue exterminada, para garantizar la permanencia en el poder de la nueva jerarquía y para satisfacer la sed de venganza de una masa enardecida que exigía paredón por los crímenes cometidos durante el batistato. Esa fue la primera señal de traición al pueblo de Cuba y a los que luchamos por un ideal de libertad y derecho, cansados de vivir precisamente en el oscuro abismo de la violencia y la muerte.

Visita de Húber a la Escuela Normal. Al frente en el centro están Alicia y Justa.

Marina me contó que Húber estaba preso en La Cabaña con una condena de veinte años. Y a ella también le echaron veinte. Con los Castro, el Che Guevara, Camilo Cienfuegos, Eloy Gutiérrez Menoyo y Húber Matos eran los comandantes del Ejército Rebelde. En la sierra, Húber dirigió la Columna 9, contando con la simpatía y admiración de sus soldados. Ahora estaba preso, como Mario Chanes de Armas, quien participó en el ataque al cuartel Moncada el 26 de julio de 1953, y en el desembarco del *Granma* en 1956; como Tony Cuesta, excapitán del 26 de Julio; como el capitán Jorge Sotús, nuestro amigo personal, que estuvo al frente de varias operaciones exitosas de la lucha clandestina en Santiago, junto a Frank País; como David Salvador, máximo dirigente sindical de la CTC (Confederación de Trabajadores de Cuba); como Pedro Luis Boitel, líder estudiantil de la FEU (Federación de Estudiantes Universitarios), muerto en prisión en huelga de hambre... Lo cogieron con Esther Castellanos, que quedó coja de un tiro y le echaron veinte años en Guanajay... Rolando Cubelas y Ramón Guin, comandantes del Directorio Revolucionario que lucharon en El Escambray en contra de Batista... Ricardo Olmedo, que había participado en el asalto al Palacio Presidencial durante la lucha contra Batista en 1957... Francisco Evelio Pérez... Porfirio Ramírez... Jesús Carreras... revolucionarios de primera fila que fueron fusilados por resistir las arbitrariedades de los Castro... Y tantos otros miles de cubanos que creímos en el Movimiento 26 de Julio, pero que habíamos caído en desgracia al no seguir el sorpresivo giro que había tomado la política después del triunfo. Ante una imprevista política de corte comunista que se iba imponiendo sutil y progresivamente, surgía la disidencia y la oposición dentro de la militancia revolucionaria.

Alicia, Jorge Sotús, Jaime, el pescador Pin Manjúa y un desconocido

El comandante Eloy Gutiérrez Menoyo cayó preso en 1965, coincidiendo en la cárcel de Boniato con Húber Matos. Gutiérrez Menoyo, nacido en España, pudo salir de Cuba a principios de la Revolución, pero regresó con un grupo de cubanos exilados que se organizaron bajo el nombre de Alpha 66.

Un caso humanitario era el de Wilfredo Martínez, el Cieguito de Boniato, natural de Guantánamo y militante en el Frente Anticomunista de Liberación. Le decíamos Veguita. Era uno de mis contactos en Guantánamo. No recuerdo la fecha exacta, pero sé que fue alrededor de 1961. Cuando lo detuvieron, se tiró del Jeep en marcha en que lo llevaban y se dio a la fuga. Le aplicaron la ley de fuga y le tiraron a matar. No murió; los militares que lo capturaron lo llevaron malherido al hospital Pedro Agustín Pérez, en Guantánamo, donde permaneció incomunicado y custodiado hasta que lo llevaron a juicio. A Wilfredo Martínez lo condenaron a la pena de muerte por fusilamiento. Lo fusilaron junto a otros compañeros; los cuerpos cayeron y los dieron por muertos... Pero fallaron: Veguita seguía vivo. Por último, el tiro de gracia, directo a la cabeza, tampoco lo mató, pero quedó ciego. Entonces le dieron cadena perpetua. Estaba incomunicado por ser un preso "plantado"; se negaba a vestir el uniforme de preso, que era del color de los uniformes del ejército de Batista, con una *P* pintada en la espalda.

Un curioso caso es el de Camilo Cienfuegos, otro importante dirigente del Movimiento 26 de Julio y fundador del Ejército Rebelde. El 28 de octubre de 1959, en vuelo entre Camagüey y la Habana, desapareció. Ni siquiera encontraron restos del avión.

Por cierto, luego de nuestro breve encuentro en Guanajay, y que me pusiera al tanto de estos acontecimientos, no vi más a Marina ni sé qué se hizo. Probablemente la trasladaron a otra prisión.

LA CUESTIÓN EDUCATIVA

Como educadora, algunas acciones del nuevo gobierno me abrieron los ojos, como la intervención de los colegios privados, laicos y religiosos con el pretexto de uniformar la educación. Por otro lado, recogieron los textos escolares y libros de consulta existentes en las escuelas y los sustituyeron por cartillas de contenido marxista. Así aniquilaban la pluralidad de criterio en la formación de las futuras generaciones. Estas medidas olían a totalitarismo.

El genio previsor de Martí nos lo había avisado: *Asesino alevoso, ingrato a Dios y enemigo de los hombres, es el que, so pretexto de dirigir a las generaciones nuevas, les enseña un cúmulo aislado y absoluto de doctrinas, y les predica al oído, antes que la dulce plática de amor, el evangelio bárbaro del odio.*

En las reuniones del claustro magisterial de Santiago, noble ciudad de amplia tradición cultural, los dirigentes esgrimían eslógans como *la religión es el opio de los pueblos* o *los pobres también tienen derecho a la educación*, provocando evidente malestar entre los maestros que se levantaban y se retiraban de las asambleas.

—Compañera, compañera, no se vaya sin firmar la asistencia —dijo uno de los dirigentes.

—Con su permiso —respondió la maestra que iba abriéndose paso para dejar la reunión—, yo soy católica, apostólica y romana, y no voy a quedarme a oír lo que están diciendo.

Clase de la Escuela Normal para Maestros. Alicia es la segunda en la fila
inferior. Justa es la cuarta en la segunda fila.

Alicia, maestra rural en Tierra Buena, a caballo

El aula de Alicia en la Escuela Anexa a la Normal,
escuela modelo de la educación pública

Detrás de la maestra, otros nos levantamos y nos fuimos sin firmar. Creo que se llamaba Hilda Souto.

En cuanto a la educación de los pobres, un asunto de universal preocupación para los educadores, nos llamaba la atención que la mayoría de los presentes —maestros, directores y dirigentes— proveníamos de hogares pobres y de la educación de la escuela pública... y que parte de nuestra experiencia magisterial consistía en servir en escuelas rurales para ganar el derecho a un aula en la ciudad. Así que el argumento de que la educación era privilegio exclusivo de ricos no era válido.

MILITANTE

Aníbal Machirán, compañero de estudios y del magisterio, me comentó en una ocasión:

Alicia, esto pinta mal.

Y conociendo mi forma de pensar, me presentó a Francisco Evelio Pérez, uno de los dirigentes del FAL.

Lo primero que Frank me advirtió fue que, desde ese momento, no debía entrar en ningún tipo de discusión política. *El hermetismo es indispensable en la lucha clandestina; la seguridad de todos está en juego.*

Ahora, esa no es su misión, Alicia. Tiene que pasar inadvertida; si es posible, como integrada, porque la necesito como enlace y, con cierta frecuencia, va a tener que viajar a Guantánamo y a La Habana.

Además, me confió la tesorería de la organización.

Trabajábamos en células de diez miembros y no utilizábamos el nombre de pila cuando estábamos en misión. Mi identificación era A-10.

PITO PÉREZ EN GUANAJAY

En 1963 varias mujeres de la causa de Jaime llegaron a Guanajay. Ahora no las recuerdo a todas, pero sé que las hermanas Llamas Campos, Melva Canler O'Sullivan, Luisa Conde Caraballo, Isabel Figueredo Guisandi y Hortensia Baquero Fernández estuvieron en el C. La mayoría del grupo pertenecía al Movimiento Demócrata Cristiano o al Movimiento de Recuperación Revolucionaria de Oriente, pero además les endilgaron a todos por igual el rango de ser agentes de la CIA. Por eso la investigación continuaba abierta.

Cuando surgía el tema de Jaime, trataba de cortar la conversación. No dudaba de las compañeras de lucha, pero precavía por cualquier chivata o llavera que estuviese cerca. Tal vez no comprendían mi actitud, tal vez no di explicaciones; Hortensia me llegó a tachar de celosa, pero ni le contesté... Eso era lo de menos... En mi opinión podía ser muy perjudicial estar identificándose. De esa misma causa hubo otras mujeres: Hilda María Vido Serret, Esther Conde Mengana, las hermanas Dolores y Dinorah de la Caridad Comerón Pérez, y Olga Perera de la Torre. Posiblemente se encontraban en otros pabellones de Guanajay.

Pero otro día cuando Hortensia vino a buscarme, me encontró, y le recordé que en boca cerrada no entran moscas. Ella interpretó el refrán como una amenaza. En realidad yo no lo había dicho con esa intención... Pero eso era lo de menos; lo importante era que dejara de hablar tanto. Así fue como pasé de celosa a malgeniosa. Entonces me apodó Veneno, porque decía que el veneno viene en pomo chiquito. A lo mejor, quién sabe si las puyas se debían a mis antecedentes revolucionarios. La verdad es que hay gente que no conoce los límites.

De todas formas ese apodo no me duró, porque dos o tres días después salía del baño vistiendo una ridícula pijama que había heredado de los varones de mi casa y La Madre al verme me relajó diciendo: *¿Qué Veneno ni ocho cuartos? ¡Esta es Pito Pérez!* La Madre tenía vara alta entre todas las presas; su palabra era ley, así que no me quedó más remedio que aceptar el sobrenombre de ese personaje literario.

COMPARTIR ES SOBREVIVIR

El día de visitas era de gran expectativa para las presas, no solo por ver a los familiares, sino también para tener noticias de lo ocurrido en la calle. Se rompía la rutina de tal modo que de pronto era importante lucir mejor, hacerse los rolos o plancharse el pelo y, por supuesto, planchar el uniforme. Sin espejos, dependíamos de la imaginación y de los comentarios de las compañeras de celda. No se trataba de un mero acto de coquetería; a pesar de nuestras lamentables circunstancias, era importante dar una buena impresión, hacer de tripas corazón, para levantar la propia moral y la de los visitantes.

Esperábamos la hora mirando desde una ventana, a ver si reconocíamos a algún familiar. Iban llamando a la reja a las reclusas que tenían visita.

Las visitas en Guanajay eran una vez al mes, por solo una hora, aunque el proceso de identificación, registro e ingreso de los visitantes tomaba medio día. No podíamos tocar a nuestros familiares; un muro hasta el pecho nos separaba, y cualquier leve contacto físico era motivo para una suspensión inmediata de la visita y castigo.

Con todas estas restricciones e incomodidades, y porque muy pocas presas provenían de pueblos cercanos, eran muchas las que no recibían visitas ni jaba.

De Santiago recuerdo a dos compañeras muy queridas que casi no recibieron visitas durante su presidio en Guanajay. Una era Leydi Puente, quien cumpliría su condena justo al llegar a la mayoría de edad. En ella veía a otra de mis hijas. La otra era Melva Canler, con quien tertuliaba sobre el privilegio compartido de haber vivido en nuestra infancia en un barrio llamado Sueño. Todas tratábamos de sobrellevar la difícil situación y de compartir lo poco que teníamos. A mí no me fallaban dos de mis hermanos que vivían el La Habana: Gerardo y Alejandro Raúl; gracias a su apoyo, no me fue peor en Guanajay.

En mi caso, no era la primera vez que pasaba necesidades, porque los Rodríguez González en realidad no éramos de las mansiones de Sueño ni de ningún barrio en particular; más bien, siendo una familia tan numerosa en tiempos de depresión económica, nos mudábamos con frecuencia, en cuanto mis pobres padres no alcanzaban a pagar el alquiler. En una de esas fuimos a parar a una finca de Morón de Palencia, donde mi madre había sido maestra rural y la estimaban como para prestarle una choza en campo abierto. Recuerdo que mis hermanos apuntalaron el techo del ranchón y fabricaron un horno para cocinar con leña. Yo tendría unos 16 años.

También recuerdo que Jaime caminaba varias millas por la línea del ferrocarril para visitarme. En el camino recogía flores silvestres y dos o tres huevos que conseguía con los guajiros. Con esos huevos hacíamos una tortilla para todos. Tocábamos a un pedacito de tortilla por plato, pero sabíamos compartir y disfrutar a nuestra sencilla manera. Éramos felices.

Volviendo al día de visitas en Guanajay, el momento de la despedida era difícil, aunque no tanto como la melancolía de las que nadie fue a ver. Después de cada visita, teníamos conversación para largo, intercambiando las noticias frescas que en ocasiones pasábamos de pabellón a pabellón, de ventana a ventana, comunicándonos por un lenguaje de señas que nos enseñó una presa sordomuda, apodada naturalmente La Muda.

∾

Cada pabellón tenía su cocina y su comedor, atendidos por presas que poco podían hacer por la falta de abastecimientos. No obstante, preparaban dos comidas diarias. Para el desayuno, un atol de harina de maíz o trigo con agua, que las presas llamábamos *guachipupa*. La segunda comida, el almuerzo, era al mediodía. Podíamos contar con un menú fijo, que se repetía semana tras semana. Un día nos podía tocar un plato de harina de maíz hervida; si al otro día no se repetía la harina, que era el platillo más frecuente, nos tocaba arroz blanco o chícharos y nada más. Eso sí, no faltaban los gorgojos o gusanos. Les llamábamos "la proteína".

Me acuerdo con exactitud pasmosa de las dos únicas veces que olimos carne en los comedores de Guanajay, porque en ambas ocasiones el convite coincidió con fechas de huracanes: el Flora (en 1963) y el Inés (en 1966).

Los pollos ahogados fueron distribuidos a toda la población para el consumo inmediato, y en los comedores del reclusorio sirvieron abundantes porciones, a tal punto que los estómagos se asustaron con las extrañas aves. Aunque lamentábamos seriamente los estragos causados por estos fenómenos naturales, cada vez que tronaba, nos acordábamos de los infelices pollos.

El buen humor no lo podíamos perder. Es una herramienta útil para enfrentar las crisis. Nosotras, las del C, hacíamos un chistecito sobre la comida. Consistía en preguntarnos unas a las otras: *¿Qué hay de comer hoy?* Para recibir la consabida respuesta, que ensayábamos de rutina: *Tajadas de aire con chiflido*.

Era una forma de reírnos de la gazuza que pasábamos y de no dejarnos vencer.

El refuerzo de alimentos que la familia nos llevaba era indispensable. La jaba tenía lo que se podía conseguir en las casas a pesar del racionamiento general en Cuba. Leche en polvo, café, azúcar, huevos, sardinas o salchichas enlatadas, jabón; en fin, una lista de productos invisibles en la calle. Y parte desaparecía en la requisa de las jabas, sin derecho a reclamación.

Por otro lado, los familiares tenían que ajustarse a la lista de los productos permitidos. Esta lista cambiaba con bastante frecuencia, y producto que no apareciera en esta era decomisado. Por eso, teníamos que organizar cooperativas para estirar lo que nos llegaba.

Blanca Rodríguez, a quien todas llamábamos La Madre por su nobleza y generosidad, acogía a cualquiera que necesitara de su protección sin hacer distinciones.

—Mira, Blanca, esta muchachita no recibe jaba desde hace meses.

—Aporte o no —decía—, no la vamos a dejar sin comer.

—¿Y la nueva que no tiene nada porque la familia ni sabe dónde está?

—Anótala también.

Tenía un corazón de oro y vocación de servicio. Administraba nuestra cooperativa de maravillas, y lo que nos preparaba lo hacía con tal esmero que sabía a gloria. Además, ninguna de nosotras era exigente; sabíamos que el pan con timba, la sopa boba o unas cucharadas de arroz con algo era la comida fuerte del día y nos servía para alternar con la dieta del comedor.

La Madre era, además, muy ingeniosa. Fabricó una hornilla con un ladrillo y una resistencia china que introdujeron al penal clandestinamente. Gracias a ella teníamos algo caliente que tomar por la noche y al amanecer. Hasta este punto parece que, dentro de nuestra austeridad, habíamos resuelto algunas necesidades. Sin embargo, los olores de la comida o un chivatazo de la envidia, que es tiña, dejaron al descubierto la existencia de la hornilla.

Nos quitaron la hornilla y castigaron a La Madre por unas semanas en Las Tapiadas, lo cual lamentamos muchísimo porque era una mujer ya mayor.

Cuando regresó al pabellón, compartimos el agua para que se bañara. Hacía tiempo que no jugaba agua y olía a rayos. Y tuvimos que cortarle el pelo, porque no había peine que le entrara a esa maraña.

Pero lo que más daba pena eran los dedos de los pies, sangrantes e infectados por las mordidas de las ratas. Entre todas pusimos de lo que teníamos para desinfectarle y curarle los pies. Nuestro temor era que tuviera tétanos o rabia, o que desarrollara una gangrena. Aunque no era mucho lo que podíamos hacer con un poco de algodón, alcohol y mercurocromo, en unos días esas heridas cicatrizaron sin otras complicaciones.

No así las emociones. Estaba traumatizada y triste, muy triste, por las presas que dejó en Las Tapiadas. Nada la animaba ni decía mucho, solo movía la cabeza de un lado a otro en actitud negativa, mientras murmuraba: *Se mueren... esas mujeres se mueren.*

Las compañeras de pabellón le contamos la falta que nos hizo y el hambre que pasamos en su ausencia, y le entregamos nuevamente la jefatura de la cooperativa. ¿Quién lo iba a hacer mejor? Pero lo que verdaderamente elevó su espíritu fue la fabricación de un reverbero de alcohol que pusimos a funcionar.

∾

Podíamos escribir una carta cada quince días y la entregábamos con el sobre abierto para la censura. Eran leídas minuciosamente en busca de información que los llevara a atar no sé qué cabos, porque nosotras no éramos bobas como para escribir algo comprometedor. De todas formas, los censores tachaban en las cartas nombres de personas, lugares y cualquier cosa que les pareciera sospechosa, de tal manera que a veces los destinatarios tenían que adivinar el texto.

Las cartas que recibíamos también pasaban por la censura, así que los familiares tenían que ser discretos, para evitar problemas, y nos escribían en clave. Lo importante estaba entre líneas.

A pesar de los inconvenientes, las mujeres apreciábamos mucho estos pequeños privilegios. Las visitas y las cartas eran las únicas posibilidades de comunicación con nuestras familias y, sobre todo, las madres necesitábamos saber de nuestros hijos.

Las autoridades, reconociendo nuestras necesidades emocionales, manipulaban el derecho a correspondencia y visitas como un arma de castigo. Por cualquier incidente, por insignificante que fuera, perdíamos estos privilegios. Y, por cierto, sin visita no había derecho a jaba.

Recuerdo como hoy una ocasión en que Manolo Martínez nos reunió en el comedor para anunciarnos que ellos tendrían el generoso gesto de darnos visitas a todas nosotras para celebrar en el patio el Día de las Madres. La doctora Caridad Vega se indignó ante el cinismo de Martínez y le dio una tremenda galleta. La doctora Vega estaba en el D (bajos), y castigaron al pabellón completo seis meses sin visita, pero estoy segura de que no les pesó, porque aquella bofetada era por todas las madres e hijas prisioneras.

Las del D vivían "plantadas" en protesta por las condiciones inhumanas de la cárcel: la falta de agua, comida y salubridad. Y estas mujeres no se dejaban engañar ni se vendían. Sabían que les iba a tocar la peor parte, pero daban guerra. Eran mujeres bravas, dignas de nuestra admiración y respeto.

El castigo era fuerte. Sin las visitas no había jaba. Significaba pasar meses sin la comida de la casa. Y en esas circunstancias, si no fuera por la solidaridad de las compañeras, nos moríamos del hambre, porque la comida del penal era mala y escasa.

LAS ÚLTIMAS NOTICIAS

Por otro lado, las noticias políticas, nacionales e internacionales, nos llegaban a través de las señas, en ocasiones, antes de que se supieran en la calle, donde el Estado controla y manipula la información a su conveniencia.

Enseguida nos enteramos, el mismo día viernes, 22 de noviembre de 1963, del asesinato de John F. Kennedy. Esta desgracia causó un gran revuelo entre las presas. Algunas se declararon de luto, otras rezaban por el alma del presidente, y por poco se forma un avispero porque una se alegró y celebró su muerte *por la traición a los combatientes que desembarcaron en la Bahía de Cochinos en Playa Girón.*

También, en relación a lo de Bahía de Cochinos, comentaban que la población carcelaria había crecido con las redadas de sospechosos detenidos sin causa formal, y que luego fueron soltándolos poco a poco. Y además que el ejército había plantado dinamita en los presidios de máxima seguridad y estaban listos para volar con todo y presos. Aunque esto último no me consta, tampoco lo pongo en duda, porque más de una buena fuente me lo ha confirmado.

Total, que al otro día hicieron una requisa general, buscando un radio de galena que nunca apareció... pero sí aparecieron nuestras pocas cosas revolcadas en el suelo, inclusive la comida. Esta acción nos reubicó de inmediato en nuestra realidad.

Recuerdo otra noticia que revolvió el panal (o penal) de mala manera. Fue el fenómeno de Camarioca, en 1965, que había provocado el mismo Fidel Castro cuando autorizó a que todo el que quisiera salir de Cuba se fuera, y el éxodo fue de miles.

La brújula marcaba al norte, y fueron muchas las presas que, muy discretamente, firmaron la autorización para que sus hijos menores de edad salieran del país en compañía de otros familiares. Las autoridades del penal, por su parte, estaban decepcionadas, porque las primeras que firmaron fueron las supuestas reeducadas de los pabellones A y B. Este curioso dato me lo comentó Mercedes Honorinda.

No obstante la pequeña euforia individual de algunas, como teníamos todo el tiempo del mundo para analizar los sucesos, nos dábamos cuenta de que permitir el éxodo era una estratagema del gobierno para aliviar la presión política interna, dada la pésima situación en que se encontraba el país. Camarioca fue la válvula de escape para relajar la resistencia; un puente de plata para el enemigo en fuga.

Según se alejaba la flotilla de las costas cubanas, con los elementos descontentos y contrarios al gobierno, se alejaba la posibilidad de un cambio político y de nuestra liberación. En el penal se dejaba sentir un sentimiento de abandono y soledad.

CONDUCTA IMPROPIA

Una madrugada de mayo de 1965, llegó un contingente de mujeres trasladadas, y varias fueron asignadas a nuestro pabellón. El objetivo de estos cambios era evitar la amistad entre las presas y las conspiraciones. Sin mucho que hacer, el oído lo tenía agudizado y escuché los comentarios de la llavera de turno, a pesar del ruido que producía el torrencial aguacero que caía como cortinas de agua sobre el penal.

No, ella no e presa política ni común, mijita... ella ta quí catigá por lo que finamente llamamo conduta impropia. A mí no me conta, pero dicen la mala lengua que ella y otra como ella convivían, que se daban a ca rato, que lo vecino taban acotumbrao a la flore que se echaban y que el comité ni se metía, porque la de la pelea eran tortillera... Mija, pero si no se meten ni entre marío y mujé ¿qué va a impotale a naiden? Si yo mima he salío de mi cualto con un ojo negro y la encargá de la cualtería, que e miliciana de galone y to, me preguntó si me había caío, depué que yo me había degallitao gritando... Un día se me llenó la cachimba e tierra y se me ocurrió la mala idea e decile a mi marío que iba llevá el caso a la Federación de Mujere y lo que hizo fue dalme má... En fin, mija, que si no se meten entre marío y mujé, van a meté la narice en asunto de cachapera. Pa qué, si no valen na... Dime tú, mi hombre tiene un mal genio el diablo... pero e hombre polo meno... Ademá, no piense tú que me tá dando to el tiempo, no... A vece e de lo má cariñoso... To lo sombre son iguale y con eso bueye tenemo que ará.

Me acerqué a la nueva, que estaba sentada a pocos pasos y seguramente, como yo, lo había escuchado todo.

—No hagas caso —le dije.

—Estoy acostumbrada al rechazo —me contestó encogiendo los hombros con resignación. —Desde chiquita lo he aceptado como parte de mi imperfecta existencia.

—Mutis. —Cruzo el índice sobre mis labios, y en cuanto nos alejamos de las milicianas, le advierto con disimulo—: Aquí cuando las llaveras hablan, es como si tronara. No importa lo que digan, no puedes reaccionar, porque vienen de antemano con la intención de provocar, y si alguna contesta, acabamos castigadas. Las presas tenemos todas las de perder.

Este sano consejo hizo que la muchacha se sintiera en confianza y me soltara de sopetón una rara historia que traía atragantada.

SU HISTORIA LA ABSOLVERÁ

Mi padre le echaba en cara a mi madre que yo pareciera un marimacho. Mi mamá, que se desvivía por complacerlo, hacía lo suyo por corregir lo incorregible.

—Yamiré —me decía—, esos modales no son propios de una niña.

—¿No, mamá? ¿Y por qué?

Mi madre no era dada a explicar los porqués; la pobre carecía de luces, por lo que a menudo se quedaba estancada y muy conforme con algo como que las costumbres de siempre ni tú ni yo las vamos a cambiar. Lo cual no le impedía seguirme como una maldita sombra de día y de noche con que una mujercita no se para así, no se sienta asao, como un varón.

—Mamá, pero ¿cómo es que no, si yo soy hembra y puedo hacerlo?

Entonces se metía mi padre a salvar la situación y concluía tales razonamientos en forma absoluta, gritándome furibundo:

—¡Cierra el libro y punto! ¡Se acabó la discusión!

Así me crié, obedeciendo, de la casa a la escuela, de la escuela a la casa, donde me pusieran me quedaba... Porque un niño es como un animalito, que vive enjaulado en su cuerpo mientras crece y se transforma con senos y todo. Para mí esa es la peor prisión del ser.

Una vez tuve uso de razón, como a los diez, descubrí que cuerpo había que tener uno, aunque no nos gustara y aunque uno no le gustara a nadie, y que no había mucho que hacer al respecto. A mí me hubiera gustado, por ejemplo, llamarme Manuel y ser un gallardo caballero de largas extremidades... Pero de eso nada; más bien crecía hacia los lados —las caderas, los senos— y de barba, nada.

Todos los señalamientos de mi deficiencia se quedaron cortos el día que tuve mi primer periodo. Mi madre, observando mi sorpresa por la sangre que me salía de las entretelas de la vida, me dijo lo de la regla y que no me preocupara, que eso era normal. Pero acto seguido fue a contarle a mi papá que yo ya era señorita. Luego me dieron el tiro de gracia regocijándose entre sí y con terceros.

—¡Por fin mató el macho!

Desde ese día entendí que los que me habían dado la vida eran mis verdugos, y en vez de llamarme Yamiré, me hice llamar Manuela.

∿

Ella era diferente... Me di cuenta de que en su caso era mayúscula la soledad, y lo que más me indignó fue la actitud discriminatoria de algunas presas, que no querían compartir con ella ni un trago de café, porque *esa debajo de la falda lleva calzoncillo.*

Le di una mano en lo del acomodo. Y sobre los traslados solo me resta decir que las buenas amigas se llevan siempre en el corazón... Con el amanecer, se abrieron en un arcoíris los siete colores del prisma y, como por arte de magia, la lluvia cesó.

OTRAS VIOLACIONES A LOS DERECHOS HUMANOS

Lolita Sardiñas, una enfermera que pasaba temporadas en el C, me puso al tanto sobre el comportamiento de las lesbianas.

—Alicia, no creas todo lo que oyes —me dijo—. Aquí dicen lo que es y lo que no es. Estas mujeres tienen atenciones conmigo porque yo las trato bien... Como enfermera no puedo hacer distinciones. Además, en general, son buenas personas. Algunas estarán aquí metidas quince o veinte años y, cuando ovulan, las hormonas se alborotan. ¿Qué van a hacer las pobres...?

—A mí siempre me han gustado los hombres. En cuanto a mi preferencia, no tengo dudas que resolver. Sin embargo, pienso que estas presas merecen respeto como cualquiera, porque si fueron buenas para hacer la contra, ahora, en la desgracia, no las podemos abandonar.

—Esto es muy serio, Alicia. Fíjate que aquí hay gente comiéndose un cable por causas políticas, gente de mucha valía. Pero no se han puesto a pensar que precisamente la intolerancia entre los cubanos es lo que nos tiene divididos. Ahora mismo, Seguridad del Estado se mete hasta en las camas. El gobierno está recogiendo a los varones homosexuales y los están llevando a las UMAP, que son unas granjas de trabajo forzado en los campos de Camagüey, donde se les considera lacra social.

—En las UMAP también hay pastores, seminaristas y religiosos laicos. Los que más sufren son los Testigos de Jehová, que se niegan al servicio militar y no se integran al gobierno porque se declaran apolíticos. No solo los obligan a trabajar en la agricultura; también los someten a torturas y vejaciones. Supe de Testigos de Jehová a quienes amarraron con alambre de púas a postes con la mano en la frente, porque se negaban a saludar la bandera. Y de un seminarista a quien abofetearon para luego exigirle que pusiera la otra mejilla. Si en uno de estos campos muere alguno, declaran que fue un accidente. Están peor que si fueran presos, porque no han cometido ningún delito.

—Esa es la cosa… Se desmoraliza, se divide y se somete al pueblo a como dé lugar, mientras la masa asimila estos abusos como lo más natural. Claro, que si escarbamos un poco, debajo de la aparente aceptación se encuentra el miedo.

—La madurez de un pueblo toma siglos y, como estamos viendo, hay períodos de regresión en los que se retrocede lo que se había avanzado.

—¿A qué te refieres?

—A esas barbaridades que recuerdan las historias contadas por los judíos del Holocausto. La mayoría de la gente ni se acuerda de eso. Ahora entiendo a los polacos… dejaron sus casas puestas y los negocios en marcha y salieron de Cuba en el 59 sin mirar atrás. Nosotros, como cubanos, optamos por resistir, y mira dónde estamos. A esta gente le faltan las cámaras de gas, pero igualmente nos están asfixiando.

La Sardiñas, como mujer de ciencias, era de un criterio amplio. Me gustaba conversar con ella porque podíamos profundizar. Sin embargo, era cierto que otras hablaban como un cao y le arrancaban las tiras de pellejo a cualquiera o comentaban sobre las causas, poniéndonos en evidencia. Eso era parte del ambiente; por eso teníamos que cuidarnos.

Y no lo digo por paranoia. Era muy frecuente que metieran a una informante a convivir entre nosotras haciéndola pasar por presa para que se empapara de todo lo que pasaba en el pabellón. De esa forma evitaban que las presas se reorganizaran desde la cárcel. Había que saber muy bien con quién se hablaba, qué se decía y hasta dónde se llegaba.

VULNERABLES

No todas las milicianas eran malas personas. Algunas no se metían con nosotras; simplemente hacían su trabajo. Otras eran unas ignorantes, dignas de lástima; por eso venían con sus provocaciones. Nunca sentí odio por ninguna. Mis padres no me educaron para odiar al prójimo, pero tampoco para aceptar atropellos, abusos e injusticias, que en las cárceles son parte del diario vivir.

De todos modos, lo aconsejable era guardar una saludable distancia con las milicianas. Mientras menos contacto, menos confrontaciones... porque, como somos humanas, no siempre podíamos mantenernos pasivas, con o sin provocaciones que viniesen del otro lado. Se podía llegar a un estado casi perfecto de *a mí me resbala todo lo que digan, porque de todos modos es basura;* o *digan lo que digan a mí no me entra, porque tengo el cuero duro;* o pensar que *a palabras necias, oídos sordos.* Pero lograr esa cualidad de inmunidad adaptativa era un arte que solo se aprendía con el tiempo; por consiguiente, era más común en las viejas que en las menores.

No hablo de estar en paz, que es algo muy distinto. En la rutina podíamos lograr que algún día pasara sin inconvenientes. Pero eso no es paz, porque no la teníamos garantizada. Sabíamos que éramos vulnerables.

No obstante, las mayores de cincuenta, o las "viejas", como nos llamaban las jovencitas, padecíamos como todas y, además, tolerábamos los dolores físicos, que achacábamos a la humedad, a la falta de sol y de ejercicio normal, pero más bien eran los huesos viejos que empezaban a debilitarse. Las jóvenes, sin embargo, a menudo perdían la tabla.

Un día tras otro en ese encierro no era cosa fácil. No siempre podíamos echar a un lado las frustraciones y continuar... ¿hacia dónde? A ninguna parte. La visión de un futuro no era algo inmediato. Entonces se podía caer en cualquier tontería que nos ponía en riesgo. Eso fue lo que sucedió cuando una de las presas decidió cucar al destino y se puso a gritar a viva voz que *Manolo Martínez no tiene madre*. Al rato vinieron a la galera presionando para que dijéramos quién fue. Como ninguna iba a delatar a una compañera y más bien pusimos cara de yo no fui, amenazaron con castigarnos a todas. Leydi Puente, siendo inocente, se hizo responsable de los hechos. Le faltaba malicia para capear estas situaciones y le sobraba valor para enfrentarlas.

Fui yo... ¿y qué?, replicó con valentía.

Y fue a dar a Las Tapidas.

Ahí no terminaron sus rebeldías. Estaba harta de las injusticias y actuaba ya sin medir las consecuencias. Una vez en Las Tapiadas, participó junto a otras castigadas en una protesta por las condiciones infrahumanas en que tenían que subsistir. Poco a poco, fueron debilitando la base de los barrotes; fue una tarea de semanas. Luego de sacar el primero, con esa herramienta rompieron el resto de los barrotes y echaron abajo el concreto que impedía la entrada de aire y luz.

Una mañana las presas de Las Tapiadas amanecieron sentadas en ropa interior en las ventanas rotas, con los pies colgando hacia afuera. Actuaban como si ya no tuvieran nada que perder. De antemano sabían que no iban a conseguir las mejoras que humanamente merecían y que eran cosas muy básicas, porque su protesta no iba a salir a la palestra ni en la prensa extranjera, ni una comisión de derechos humanos iba a examinar sus necesidades... pero una vez destruido el pabellón, tendrían que sacarlas de allí.

Y así fue; en lo que se repararon los daños, reubicaron a las presas, pero siendo la cárcel, como todo lo que hay en Cuba, propiedad del Estado, la protesta se consideró un acto de sabotaje al gobierno y generó una secuela de excesos y castigos. Cuando cumplió la mayoría de edad, Leidy Puente tuvo que cumplir otros seis meses.

∿

La rehabilitación era otro capítulo de la subordinación social de la mujer cubana, subrayado en rojo. El lugar de "las rehabilitadas" era el último de la escala animal, una vez perdido el sentido de dignidad; había que mentir, disimular, pasar por alto las vejaciones e injusticias para sobrevivir.

Nunca me había sentido más "gusana", epíteto que aprendemos a aceptar con cierto orgullo, pero tenía que terminar cuanto antes con la pesadilla que vivía, o al menos conseguir algún pase para ver a mi familia, que subsistía en su propio caos: Jaime, el padre de mis hijos, estaba preso en la cárcel de Boniato. Mi hija mayor, Grisela (que no era tan mayor cuando me detuvieron, pues solo tenía diecinueve años), no podía con el peso de las responsabilidades sobre sus hombros. De hecho, a menudo, como era natural, se quejaba de su situación. Mi pequeña, por otro lado, rodaba de casa en casa, a merced de la buena voluntad de los parientes y vecinos que la acogían por temporadas. En el momento, estaba en casa de uno de mis hermanos en La Habana, para poder visitarme aunque fuera una vez al mes.

LA JODIENDA NO TIENE ENMIENDA

Tío Raúl era sordo como una tapia, sobre todo cuando enfrentaba alguna situación difícil, como cuando le pregunté qué quería decir la palabra reclusa, que si mi mamá era reclusa o recluta, que había oído las dos palabras con cierta frecuencia y no estaba segura de cuál era cuál. De eso el viejo no oyó ni papa. Tampoco oyó nada un día que le preguntaron en la cola para entrar a la visita: "¿Qué parentesco tiene la niña con la reclusa?". Después de repetirle lo mismo varias veces, por fin respondió: "Es sobrina". Entonces el miliciano le dijo de carretilla: "No la traiga más a las visitas, no queremos niños aquí" y que "las visitas son solo permitidas a los familiares inmediatos; niños, si son los hijos". El viejo, nervioso, dio las gracias: "Disculpe, compañero, es que no oigo y esto es una jodienda", y siguió para la cola del registro.

Enseguida me di cuenta de la metida de pata de mi tío y, aunque me dio mucha pena, le tuve que decir que se había equivocado: "No soy la sobrina, sino la hija de la presa". El viejo, entre disculpas y la vergüenza por la sordera, arregló las cosas, y menos mal, porque si no la jodienda (sin enmienda) iba a ser que yo no pudiera ver más a mi mamá.

LA REHABILITACIÓN

Cuando accedes a la rehabilitación, también llamada "reeducación", empiezas a disfrutar de ciertas concesiones. Un día llega al pabellón la llavera y te dice:

—Ya puedes salir al patio.

—¿Al patio?

¿Quién osa asomar las narices afuera? A fuerza de insistencias, se acepta la idea de que sí puedes tomar el sol.

Otro día inventan que si participas en el "plan de trabajo" en la cocina, el taller de costura o el campo, puedes conseguir hasta una reducción de la condena. Más tarde ponen en práctica un "plan de emulación" que consiste en estimular la productividad concediendo a cambio privilegios (dos cartas o visitas al mes en lugar de una) a las más trabajadoras. Para rematar, las "vanguardias" serían premiadas. Los premios resultaron ser visitas a otras granjas de presos en rehabilitación o a familiares presos, de prisión a prisión. En fin, como se dice en cubano, otro embarque.

❧

René Zamora, un abogado criminalista que visité en La Habana con la misión de allegarle fondos para financiar la defensa de varios presos políticos de La Cabaña, ahora me devolvía la visita en Guanajay.

—Alicia, tiene una visita —fueron las palabras de la escolta que vino expresamente a buscarme.

—¿Cómo...? —Me extrañó sobremanera, porque no era día de visitas.

—Sí, tiene la visita de un abogado que ha venido a verla. Arréglese, para llevarla.

—No se preocupe, yo estoy bien así. Lléveme de una vez. —Por nada quería perderme la oportunidad de ver al abogado. ¿Quién lo habría enviado? ¿Habría venido por su cuenta? Hasta el día de hoy no he podido despejar esta incógnita. Pero en cuanto lo vi, supe que se trataba de Zamora.

En la entrevista ambos sabíamos que nos observaban. Así que el abogado fue al grano.

—Alicia, vengo a ver si usted desea someter un recurso de apelación al Ministerio para una revisión de condena.

—No... No, gracias, prefiero cumplir lo que me falta y dejar las cosas tranquilas.

Era una decisión que tenía bien pensada; mi sentido común me decía que una revisión podía ser contraproducente.

Además, para ese entonces los abogados no podían garantizar los resultados de sus gestiones; más que defensores actuaban como notarios, llevando papeles de un lugar para otro, hasta que, definitivamente, el gobierno cogió el toro por los cuernos, prescindiendo de las prácticas privadas. Los abogados en Cuba son empleados asalariados del Estado.

—Alicia, usted debe tratar de salir cuanto antes —insistió Zamora—. Las cosas no van a cambiar, esto va para largo. Esa es mi recomendación.

Fue como si me echara un jarro de agua fría por la cabeza para sacarme del sueño, de aquella fantasía feliz que las presas retroalimentábamos a diario: la esperanza de la caída del gobierno. Entonces agregó:

—Quisiera ver a Irmina Ferreira, para no perder el viaje, pero no sé si hoy será posible...

—¿Usted está seguro de que ella está aquí? —Se trataba de La Gallega.

—Sí, pero no sé en qué pabellón está. Además, vine para verla a usted y no creo que me permitan otra audiencia.

—¿Por qué no dice que fue una confusión, que en realidad no era a mí a quien quería ver, sino a Irmina? Total, que no hemos hablado ni cinco minutos.

Así lo hizo el abogado y tuvo éxito. Porque días después coincidí con La Gallega, que como yo, empezaba a trabajar en el taller de costura, y me dio las gracias por la visita de Zamora y por todo lo demás (que no debía mencionarse, pero que yo sabía muy bien que era el silencio). Ella estaba en el B.

∾

La miliciana encargada del taller de costura se llamaba Asunción. Enseguida se dio cuenta de mis habilidades en el manejo de las máquinas y me exhortaba para que trabajara en un pedido muy especial: la confección de banderas.

Saber coser no basta. Para hacer banderas hay que ser perfeccionista. Hay que tener sumo cuidado en la exactitud de las medidas, en el corte y en la costura de las piezas; si no, el triángulo, la estrella y las franjas no encajan. Allí no había muchas costureras verdaderamente diestras. Además, hay que entender que la mayoría de las presas trabajaban de mala gana; abundaba la chapucería y el sabotaje.

Había notado que la niña estaba creciendo. En los estirones se quedaba sin nada que ponerse de un mes para otro. Por la escasez no era posible comprar ropa nueva ni conseguir unos cortes de tela para hacerla. Qué cosas tiene esta vida; pensar que nosotros vendíamos esa mercancía y ahora no teníamos ni con qué vestir a nuestros hijos.

Entonces se me ocurrió hacerme cargo del pedido de las banderas, para tener acceso a las máquinas de coser del taller y alterar alguna de mi ropa para mi hija. Eso no se permitía, pero cuando la encargada se distraía, yo aprovechaba y hacía a máquina las costuras principales. Luego en mi celda hacía a mano las terminaciones. Fue una buena idea.

LA BOCA CERRADA

Mi mamá me hizo ropa de lo más bonita: unos vestidos, una faldita de tachones con su blusa sueltecita como se usa ahora... ¿Cómo podrá coser a mi medida de memoria? Así son las madres... Para mí esto es lo mejor que he tenido.

Tía Linita, casada con Gerardo, tenía obsesión con la comida. Una cosa era la escasez que sufría toda Cuba y otra muy distinta la voracidad insaciable de la que Linita padecía. Ella mantenía a una red de vendedores de la bolsa negra para resolver, que le vendían hasta los clavos de la cruz. El dinero que mi tío le daba para el diario ya no le alcanzaba. Como ella decía: "Ahora hay otra boca en la casa, más lo que se le lleva a Alicia...". La otra boca (cerrada) era la mía. Aun así, me daba cuenta del manicheo que se traía. Un día le ofrecieron unas cuantas libras de arroz y, como no contaba con efectivo, la muy bruta pagó con mi ropa.

Si yo hubiera tenido poderes para fulminarla lo hubiera hecho al instante, pero no podía ni abrir la boca; mi hermana mayor (la otra bestia) me había advertido que la mantuviera bien cerrada porque estaba en casa ajena y no debía causar problemas. En mi interior sentía los efectos de una explosión nuclear por la ira contenida.

Desde entonces odié la comida; especialmente el arroz me viraba el estómago al revés. Mi técnica era no tocar el plato; durante el almuerzo y la cena, me quedaba en silencio frente *al plato intacto hasta que los adultos, impacientes, decidían repartirse mi porción para que no se perdiera. Estuve en esas hasta que empecé a desmayarme en la escuela por la anemia. Entonces me regresaron a Santiago como bala por tronera.*

CAMINO A SANTIAGO

Con todo y mis reservas, consideré la posibilidad de ver a Jaime. Pedí una audiencia con la miliciana encargada y le hablé de mujer a mujer, porque *mi marido estaba preso en Boniato y estaba segura de que si hablaba con él lo podía convencer para que se acogiera al plan de trabajo, etcétera, etcétera, etcétera,* y lo que tuviera que añadir del plano sentimental con tal de conseguir el dichoso permiso, que el Ministerio del Interior finalmente me otorgó.

Eso sí, a mi regreso tendría que trabajar horas adicionales para compensar por los días de ausencia. Y tendría que esperar que alguien fuera para Oriente. Nora era de Bayamo y sus padres vendrían ese mes a visitarla. Nora me dijo:

No se preocupe, consiga el permiso, que usted se va con ellos hasta Bayamo y una vez esté en la Carretera Central, será más fácil llegar a Puerto Boniato vía Santiago. Lo único que le pido, por favor, es que le lleve una carta a mi novio, que vive en Santiago y hace tiempo no me escribe.

Conocí a los padres de Nora, por lo que pude observar, gente servicial y decente. No me aceptaron ni un centavo. Más bien se excedieron en atenciones conmigo e insistieron en compartir de lo que llevaban para comer.

El viaje de Guanajay a Bayamo fue de unas cuantas horas y acortábamos el camino conversando. En la conversación salió lo de la carta del novio... ¡Ay! Creo que metí la pata, porque la mamá de Nora palideció y parecía que le iba a dar un soponcio.

—¡Ave María purísima! —Y según invocaba a la Virgen, se daba con la palma de la mano en la frente, como si quisiera olvidar algo que acababa de recordar.

—Sin pecado concebida —contestó el viejo de Nora de inmediato, para luego intrigarme más con—: Se lo vamos a tener que decir, vieja. Te guste o no te guste, por el bien de Norita, se lo vamos a tener que decir.

Me confesaron que el novio tenía otra mujer y que ellos habían pactado con él para que siguiera escribiéndole como si nada, porque Nora no podría soportar la cárcel sin una ilusión. Bastante tenía la pobre Nora con el luto por su hermano asesinado, cuyo cadáver fue desaparecido. Me hicieron parte de su doble dolor de padres y para calmar su angustia, les prometí que cumpliría con el recado de Nora, porque no podía fallarle a mi compañera de celda, pero que lo haría con la mayor discreción.

Esa misma noche fui a la casa del "novio", en la calle Cristina, cerca de La Alameda. Él me abrió la puerta. Enseguida me identifiqué y sin entrar, le entregué la susodicha carta.

—Mire, señora, yo a Nora la quiero mucho. Lo nuestro es desde niños. Pero la realidad de la vida es que no la puedo esperar quince años.

Desde la puerta vi a su mujer y dos niños.

—Lo comprendo, pero dígame, qué razón le doy a mi regreso.

—Dígale que me entregó la carta y que me puse contento...

—¿Por qué no le hace aunque sea dos líneas?

—Bien. Si usted espera un minuto, le hago una nota.

Cerró la puerta y enseguida regresó con una notica, que debió ser algo así como: *Mi vida, te extraño tanto como tú a mí, pero estoy loco de trabajo. Te escribo pronto...* O *Mi amor, recibí tu carta y me preocupa. No dejo de pensar en ti...* O quizás: *Cariño, día y noche estás en mi pensamiento. Estoy loco porque llegue el día en que podamos estar juntos...* O cualquier cursilería de esas que los hombres inventan cuando mienten.

—¿Volverá a escribirle?

—Sí.

—¿Va a desilusionarla?

—No. No tengo corazón.

En el fondo, muy en el fondo, parecía sincero. Su tristeza era evidente. Me dio las gracias y nos despedimos.

Meses después, Nora hizo lo que tenía que hacer: puso fin al noviazgo.

Así es el verdadero amor: conlleva sacrificio.

❧

Me parecía mentira recorrer las calles de Santiago nuevamente. Necesitaba, aunque fuera por unos minutos, ensayar la libertad, pero a cada paso era notoria la sovietización: banderas rojas, la hoz y el martillo, letreros con consignas revolucionarias de *Patria o muerte*, *Hasta la victoria siempre*, *Abajo el imperialismo yanqui*, *Viva la Tricontinental*. En tres años y medio el lenguaje de la ciudad había cambiado.

Me senté por unos minutos en un banco de La Alameda. Aunque era tarde para estar allí sola, necesitaba serenarme antes de llegar a mi casa. Una pareja de enamorados daba un espectáculo al aire libre. En otra época hubiera pensado que hacían mal. Ahora comprendía cuán efímera es la felicidad. También yo he cambiado.

Subo Calvario a pie hasta Enramadas, las calles ahora desiertas, ahora desoladas. Apuro el paso. Quisiera dejar atrás las sombras que traigo dentro, las heridas de este trance, y guardo la compostura para abrazar a mis hijas y a mi nieta sin quebrarme.

Al entrar a mi casa, se me hizo extraña. Una serie de latas regadas por toda la casa, para recoger las goteras, daban un concierto de temporada en cuanto caía un aguacero; los cubiertos, la vajilla, los cuadros y cuanto adorno había fueron mal vendidos para aliviar la miseria que ahora en todas partes se respiraba; los muebles de la sala tenían las tripas por fuera; apenas había donde sentarse... Para colmo, unos parientes guajiros de Banes se habían desmontado en la casa con el pretexto de ayudar, y casi nos mudan.

El abandono y la decadencia de todo aquello que yo había dejado flamante me impactaba... Pero no era momento de pasar inventario. Soy una mujer que no tiene nada; soy una mujer que solo quiere salvar a su familia.

Frente al espejo trataba de reconocer a aquella mujer avejentada. Hubiera querido lucir mejor para Jaime, pero tenía más arrugas que un pergamino. Nunca había usado maquillaje, y entonces, que cosas más serias me preocupaban, tendría que recurrir a él. Esa noche, casi no dormí.

Al amanecer tomé la guagua para Boniato.

LA CÁRCEL DE BONIATO

La cárcel de Boniato era de máxima seguridad, albergue de unos 2000 presos. Predominaba la población de presos comunes y alrededor de 400 presos políticos, en su mayoría "plantados". Así les llamaban a los que no accedían a entrar en el Plan de Rehabilitación. En Boniato las condiciones eran infrahumanas: poca comida, falta de agua e higiene, falta de asistencia médica, violencia y brutalidad.

A los presos políticos se les sometía constantemente a castigos de rigor: meses a pan y agua; vejámenes, como dejarlos desnudos en el pabellón y tirarles cubos de excremento... Decenas han muerto en huelgas de hambre sin asistencia médica, a otros los han asesinado en fugas o falsas fugas o en brutales golpizas.

DOÑA MARÍA NAVARRA BOSCH

Nunca olvidaré el sufrimiento de mi abuela María. Esa vieja, que no pesaba ni 90 libras, cargaba la jaba media milla, de la entrada al patio enjaulado donde se daban las visitas. Aquel paso lento a pleno sol, aquella respiración entrecortada, aquellos suspiros... su pudor violado en los registros... su cansancio de pie... no los olvidaré jamás.

Mi padre prefería que ella no fuera a Boniato, pero por nada de este mundo ella iba a faltar a la visita. Era una mujer obstinada.

Me contaba que la primera vez que vio a mi abuelo, supo que él era su hombre. De nada sirvieron la oposición de su hermano mayor ni los ruegos de su madre, la testadura de María se fugó y se casó con aquel forastero del otro lado del río Llobregat, un aventurero que más rápido que ligero se fue a América tras las obras, tras el trabajo, tras el dinero. Fue a dar a la Argentina.

María exigió su parte de la herencia y tomó el primer barco que zarpó para seguir a su hombre. En Argentina volvieron a ser felices y nació Jaime (mi padre). Pero Francisco la dejó por segunda vez, cuando se fue a Cuba tras las obras, tras el trabajo, tras el dinero.

Ella, ni corta ni perezosa, aprendió a hacer muy buen puchero y limpiaba pisos, y hasta llegó a servir el vino a los hombres en una taguara de Salta. En cuanto juntó para el pasaje se fue a Cuba tras su hombre.

Me contaba mi abuela, mínimo cuatro veces al día, que en el viaje de Argentina a Cuba hubo una tormenta y que el sillón donde estaba sentada se movía de babor a estribor y que el barco parecía de papel entre las gigantes olas. Estuvieron a punto de zozobrar. Ella apretaba al chiquillo contra su pecho, por miedo a que el mar se lo arrebatara. Y así estuvo, hasta que el mar se calmó. Y me decía que por eso ellos eran tan apegados, porque ella siempre llevaba muy junto a su pecho a su único varón.

Doña María

LA VISITA A JAIME

Con la autorización que llevaba del Ministerio del Interior me recibieron bien y mandaron a buscar a Jaime. Pasé por el registro y, luego, me llevaron a un saloncito para visitas especiales con mesas y sillas. Nos dieron media hora. Cuando Jaime llegó no sabía para qué lo habían llevado y se sorprendió muchísimo al verme.

—Y tú, ¿qué haces aquí? —me dijo según se aproxima a abrazarme aquel saco de huesos pálido y envejecido, aquel desaparecido que no era ni la sombra del hombre vigoroso que entró a prisión.

Sin ponernos de acuerdo tomamos las precauciones que dos presos tienen cuando hablan: nos sentamos juntos y lejos de las paredes (porque, ya saben, las paredes oyen). La voz baja, muy baja, me susurró al oído en una caricia:

—Alicia, no podía quedarme de brazos cruzados mientras tú estabas presa, y me cogieron.

—No digas más. No necesito que me expliques.

Lo puse al tanto de las novedades de la familia —sobre todo, de la preocupación que tenía por mi suegra doña María, una anciana de 82 años enferma de congoja— hasta abordar el propósito de mi inesperada visita:

—No nos queda mucho tiempo y vine con la excusa de hablarte del Plan…

—Tú me conoces, Alicia. No me interesa. No voy a traicionar mis principios. Ni voy a trabajar para esta gente, después de que nos han quitado todo lo que logramos con años de trabajo y sacrificio. No voy a claudicar.

—No se trata de eso, sino de sobrevivencia. Te falta más de la mitad para cumplir la condena y, si sigues en rebeldía, estos malditos acabarán contigo. No hay quien aguante diez años aquí.

—Lo voy a pensar.

Ya venían por él. Aprovechamos y nos dimos el beso de despedida, deprisa y en complicidad.

Luego, me llevaron a una oficina, donde me sometieron a un interrogatorio, *para saber el resultado de la gestión a que accedimos, porque usted vino con una carta del Ministerio y con un objetivo determinado: aconsejar al recluso...* Yo me fui por la tangente con una lección sobre los privilegios del Plan y con que esta era una visita de prisión a prisión, ante lo cual el militar se hizo el nuevo, porque en Boniato, una prisión de rigor, nada de eso se contemplaba, y me hizo saber que *si Jaime no cambia su actitud, las autoridades revolucionarias tendrían que actuar en consecuencia.* Finalmente, me dejaron tranquila.

Y tranquila me fui, porque cuando Jaime dice que va a pensar algo, hay que darlo por hecho. Sin embargo, cumplió los diez años en prisión.

> *Sufro la inmensa pena de tu extravío,*
> *sueño el dolor profundo de tu partida*
> *y lloro sin que sepas que el llanto mío*
> *tiene lágrimas negras,*
> *tiene lágrimas negras como mi vida.*

"Lágrimas negras", de Miguel Matamoros... Esa era nuestra canción. Cuando nos hicimos novios, yo tenía quince años y él, diecinueve. Yo quería ser maestra y él trabajaba en el comercio.

Terminé la carrera y, aunque mi aula siempre fue mi gran pasión, lo apoyé cuando decidió establecerse por cuenta propia. Jaime era un hombre que lo merecía todo. Éramos una sola vida, una sola carne.

En mis sueños te colmo,
en mis sueños te colmo
de bendiciones.

Jaime y Alicia cuando eran novios

SOLO DE PASO

En esos tres días que mi mamá pasó en la casa no pude evitar
que se enterara de lo mal que me iba en la escuela secundaria.
Mi hermana se encargó de darle la retahíla de quejas: No sé que
voy a hacer con ella... No quiere bañarse... Se come las uñas...
Las maestras me mandan a buscar a cada rato... Cuando no
falta, llega tarde a la escuela... No estudia... En fin, es un caso
perdido... Ni con un milagro pasa de grado.
  La actitud de mi hermana Gris me dio mucha rabia, porque
yo no quería darle disgustos a mi mamá, que bastante tenía con
estar en la cárcel, y me callaba los abusos que sufría. Y aquella
lengua viperina, aquella lengua larga (tan larga que se la pisa) no
terminaba de enlodarme. Pero a la postre fue algo positivo, porque
mi mamá, después de escuchar pacientemente aquella descarga sin
fin, dijo que había que analizar la situación y que no estaba de
acuerdo con eso de que yo era un caso perdido. Luego, en privado,
tuvimos una seria conversación de madre a hija.
  —*Dime lo que está pasando contigo.*
  Así abrió los canales de comunicación. Por primera vez, en
mucho tiempo, me sentí importante. No importaba lo que pasaba
con la escuela, con los maestros, con la estúpida de mi hermana
o con los guajiros que se habían metido a disponer de la casa
aprovechando nuestra debilidad, sino lo que pasaba dentro de mí.

—La verdad es que estoy réquete colgada. Voy a tomar los exámenes extraordinarios a ver si paso de grado, aunque sea con 70.

—¿Y qué tú piensas de la vida? Ya tienes trece años... Tienes que estudiar.

—No pienses que soy una vaga, mamá. Yo tengo mis responsabilidades: lavo y plancho mi ropa, limpio la casa, hago mandados...

—Yo te conozco bien y sé qué tipo de persona eres. En cuanto a lavar, planchar y limpiar, es necesario para la higiene, tanto como bañarse, pero ¿qué aspiraciones son esas para una muchacha de tu capacidad? Te voy a contar un secreto mío, que nadie más sabe.

Ese tono de misterio captó toda mi atención y mi madre continuó con el anecdotario que hasta hoy se extiende, porque siempre me ha gustado oír su voz, su amada voz... Y como se sentía escuchada, ella hizo de mí su confidente.

—Tu abuela Faustina, que en paz descanse, era una sabia. Ella decía que una buena educación era la mejor herencia que se podía dejar a los hijos. Y en casa, aunque éramos muchos hermanos, todo el que quiso, estudió. Fíjate en tus tíos: el que no hizo una carrera, por lo menos tiene un buen oficio.

"Yo entré en la Escuela Normal de Oriente bastante joven, pero ya era novia de tu padre. Un día me vino con el cuento de que en su familia las mujeres no iban a la universidad, que yo no necesitaba estudiar más, porque cuando nos casáramos, él iba a mantener la casa... y otra serie de sandeces del tiempo de la colonia española, que casi me convence, porque para aquel entonces a mí me parecía una maravilla cualquier inmadurez que saliera de su boca. Entonces empecé a descuidar mis estudios y a sacar malas notas.

"Cuando Miss Moya, la profesora de inglés, me llamó a contar y yo le dije que pensaba dejar la carrera para casarme, me puso de vuelta y media... y me recordó el sacrificio que mis padres hacían *para que yo fuera persona. En ese momento recobré la vergüenza perdida y me apliqué a estudiar hasta que terminé la carrera. Como ves, por poco me cuelgo, pero pude superarme".*

—Mi mente no está en la escuela... Por otro lado, tengo muchas presiones; el mes que viene tenemos que ir de cara al campo. Es obligatorio, y si me niego van a estar averiguando. Aparte de eso, es una pérdida de tiempo, porque de seguro no tendré entrada en la universidad por razones políticas.

—Ya veo. Puedes estar segura de que no hay nada que averiguar; en Santiago todo el mundo nos conoce, pero de todos modos, tú no eres responsable de los actos de tus padres ni tienes que sentir vergüenza de que estemos en prisión. No somos ladrones ni asesinos, somos presos políticos. Estamos en la cárcel por razones ideológicas.

—Yo no me siento avergonzada de ustedes, pero mi situación es difícil.

—Yo te comprendo, pero tienes que estudiar. Aunque ahora estemos en esta situación, toda la vida no va a ser así. La vida siempre cambia y tienes que prepararte para el futuro. Si hay que ir al campo porque no queda más remedio, tómalo con filosofía y cumple con la ley. Te lo digo porque he visto jovencitas casi de tu edad en las cárceles. Te prometo que cuando salga te voy a repasar para que mejores las notas. Y nos falta poco para estar juntas otra vez.

Esa promesa me animó. Aunque para aquel entonces yo estaba convencida de que ya era una persona adulta y tenía que comportarme como tal, en realidad no era más que una niña solitaria que extrañaba el amor y la protección de sus padres ausentes. Casi nunca lloraba; si lo hacía era a solas, porque en esta vida más vale aparentar fortaleza que ser débil y, además, era menos vulnerable en la medida que me mostrara fuerte. Más bien lo que sentía era rabia, una rabia que en ocasiones se convertía en una incomodidad general que no entendía cuando era niña, pero que más tarde reconocí como depresión.

De todos modos, me sirvió saber que yo no era responsable ni culpable de lo que nos pasaba. Tampoco mis padres eran culpables, porque ellos actuaron de acuerdo a su conciencia. Simple y sencillamente, vivíamos atrapados en nuestra realidad histórica, el advenimiento de una revolución comunista en Cuba.

Mi tío Evaristo, un maestro retirado, tenía fama de malas pulgas, pero el Evaristo que yo conocí era un hombre de una gran sensibilidad. Mi mamá le pidió que me ayudara y enseguida se ocupó de ponerme al día en las materias, para ver si pasaba el grado aunque fuera con la nota más baja. También me prestó unos libros de cuentos y poemas para jóvenes que según él eran joyas, y llegamos a ser grandes amigos (mi tío, los libros y yo). Sobre todo, tengo que agradecerle que me enseñara a amar la lectura y la escritura. Y el milagro se hizo, aunque fue con el mínimo y de chiripa.

Mi mamá era muy ordenada. Esos tres días de permiso le bastaron para poner a todo el mundo en órbita, y hasta los guajiros de Banes tuvieron que atenerse a sus reglas. Definitivamente, ella hacía falta en esa casa.

VISITA A SANDINO EN LA PENÍNSULA
DE GUANAHACABIBES

De vuelta a Guanajay, la depresión me tiró en la litera, pero las milicianas se encargaron de recordarme que tenía un compromiso con el dichoso taller de costura, y tuve que doblar el lomo y la jornada de trabajo para terminar el pedido de banderas. Luego aparecieron otros encargos, como hamacas de campaña, uniformes militares, ropa infantil... La producción era continua y constante. El problema principal era el volumen de trabajo. Teníamos que sacar cientos de piezas al día.

No obstante al cansancio y a los dolores de espalda, no se me ocurría chistar, por lo que me convertí en "trabajadora de vanguardia" en un abrir y cerrar de ojos, gracias a que conocía como ninguna el manejo de las máquinas de cortar, con la experiencia adquirida confeccionando ropa para La Ópera (que dicho sea de paso, ya no me pertenecía; había sido intervenida con todos nuestros haberes). Algunas compañeras me vacilaron por el galardón; una salió con que a lo mejor me habían lavado el cerebro; otra me cuestionó por qué seguía el juego del Plan y me reclamó que estaba claudicando. Entonces fue cuando salté como una fiera, porque nadie tenía derecho a juzgar mis decisiones:

—¿Qué Plan de Rehabilitación ni qué ocho cuartos? No me quedaba más que acceder por la situación de mi casa. Desde dentro ustedes creen que la calle está mejor, pero cuando salgan verán que allá afuera la vida está tan difícil como en la cárcel, y yo tengo allá afuera a mis hijas. No me voy a resignar a quedarme aquí mano sobre mano.

Entonces, Nora salió en mi defensa:

—Déjenla tranquila. Cada cual sabe lo suyo. —Y como ella contaba con el respeto de todas y una estatura imponente, las boconas se desperdigaron en silencio a sus respectivos rincones.

Luego Nora me advirtió que, por mi bien, no estuviera aleccionando a nadie, que allí lo que había que hacer era evitar las peleas, porque ya más de una se había instalado en su palco a ver si se le daba el entretenimiento del día… Y tenía razón, porque al fin y al cabo, de quien teníamos que cuidarnos era de las milicianas, no fuera a ser que por una trifulca entre presas fuéramos a parar a Las Tapiadas.

Por mi parte, me sentía molesta (molesta hasta conmigo y con nadie en particular); comunes o políticas, todas eran mis compañeras de suerte. Tomé mi costura, y entre puntada y puntada, di rienda suelta a mi profunda tristeza. ¿Qué me iban a importar ni galardones ni críticas? Me preocupaba sobre todo mi pequeña, la impronta que podía tener en su carácter una crianza sin la guía y protección de sus padres. Tenía que remediar, como fuera, esa situación.

Ahora, con la experiencia de mis años, veo todo más claro y puedo perdonar esas ofensas que entonces me agobiaron, pero que no eran otra cosa que el producto del ocio y el hacinamiento. Hoy me queda claro que hay que vivir para ver. Yo vi más que algunas de mis compañeras, por mi naturaleza inquieta. Tenía que moverme. Siempre buscaba más allá de mi entorno, para saber qué estaba pasando. Gracias a esa curiosidad me enteré de muchas cosas, de las que hoy doy fe… Porque en aquellas cuatro paredes solo podía una ver lo que tenía enfrente: precisamente las paredes. Y esa era la parte del castigo que yo no estaba dispuesta a aceptar.

A un grupo de "premiadas" nos llevaron a Sandino, un pueblo prefabricado en medio de la nada, cuyos primeros habitantes provenían de la Limpia de El Escambray. Íbamos con la encomienda de entregar una ropa hecha en el taller de costura de la cárcel a unos niños del Círculo Infantil del pueblo.

~

La Limpia de El Escambray fue una estrategia para desarraigar de sus tierras a comunidades campesinas de la zona, que se habían levantado en armas en oposición al gobierno. La logística de la limpia consistió en peinar la cordillera palmo a palmo y ejecutar a los alzados según los iban encontrando, una verdadera cacería humana. Aunque las guerrillas resistieron por meses y dieron su candela, finalmente las sofocaron.

Muchísima gente ignora que en Cuba hubo esta resistencia armada en los primeros años de la Revolución; que las guerrillas se batían a muerte en la manigua; que aunque las aniquilaron, las guerrillas resistieron años.

La intervención del ejército concluyó con el secuestro de familias enteras, a quienes sacaban de sus fincas y llevaban sin ningún proceso judicial a las granjas Sandino, para construir de la nada el pueblo. Les proveyeron los materiales de construcción necesarios y la comida, pero no les permitían salir de las granjas.

Así nació Sandino, en la península de Guanahacabibes; prácticamente un campo de concentración. La ironía más grande: se le consideraba un modelo, una creación de la Revolución, y era muy visitado por las delegaciones extranjeras checas, húngaras y rusas.

Lila Turiño, una campesina, líder de las guerrillas, me contó la historia del pueblo. A ella no la ejecutaron por ser mujer. No obstante a esa excepción, tuvo que purgar una larga condena.

Los del pueblo nos miraban con recelo hasta que reconocieron en nuestro grupo a Lila. Cuando se corrió la voz, se acercaron a saludarla y aceptaron la ropa. Como era de anticiparse, luego de las demostraciones de cariño, las milicianas recogieron a las presas con rapidez precipitada y partimos de regreso a Guanajay.

Ese pueblo no era el único Sandino. En Cuba existen varios de estos pueblos-granja.

SOBREVIVENCIA EN GUANAJAY

Zoilita acabó en Guanajay y se acogió también al Plan por dos grandes razones: sus niñas. La destacaron a la cocina del penal; experta en misivas amorosas, consiguió un romance con otro preso (de mejor aspecto y suerte que el del termo del Vivac).

A este lo traían a diario de una granja porqueriza. Su trabajo era recoger los desperdicios de la comida para alimentar los cerdos. Ella le echó el ojo a primera vista e inició una curiosa forma de correspondencia: las carticas, dobladitas como barquitos o pajaritos de papel, las dejaban debajo de los bidones que se usaban para transportar las sobras.

El correo funcionó de maravilla, pues una vez cumplidas sus respectivas condenas siguieron comunicándose y terminaron bien casados. Queda reiterado una vez más aquello de que la yagua que está para uno no hay vaca que se la coma. Además, en medio de tanta hostilidad, una ilusión que la hiciera sentir bien era un alivio.

∿

El encierro de la cárcel es, como todo castigo, inhumano y deshumanizante. El sufrimiento que inflige al individuo y a su familia no se justifica. Las presas políticas no teníamos un sentimiento de culpa o arrepentimiento. Por el contrario, en general pensábamos que el sistema era injusto, y que la cárcel no era más que una extensión de la falta de libertad que había en Cuba entera. Sobre las presas comunes solo tengo que decir que en la cárcel no mejoraban. La hostilidad del ambiente genera más violencia y la delincuencia aglutinada engendra más delincuencia.

Las creyentes nos amarrábamos al escudo de nuestra fe para poder soportar. Como pudiéramos, nos reuníamos a diario en una de las celdas, y teníamos un culto devocional de carácter ecuménico. Leíamos la Palabra, la interpretábamos con la ayuda de Dios, orábamos juntas y, si alguna recordaba algún himno, lo cantaba. Cuando terminábamos, las católicas continuaban para rezar un rosario. Todo esto con gran discreción, porque las reuniones entre las presas estaban prohibidas.

Tuve la oportunidad de leer toda la Biblia y encontré en algunos versículos una fuente inagotable de esperanza para sobrellevar la cárcel.

Desmenuzar bajo los pies a todos los encarcelados de la tierra,
torcer el derecho del hombre delante de la presencia del Altísimo,
trastornar al hombre en su causa, el Señor no lo aprueba.
(Lamentaciones 3:34-36)

El Espíritu del Señor está sobre mí,
por cuanto me ha ungido para dar buenas nuevas a los pobres;
me ha enviado a sanar a los quebrantados de corazón;
a pregonar libertad a los cautivos,
y vista a los ciegos;
a poner en libertad a los oprimidos...
(San Lucas 4:18-21)

Entonces sobrevino de repente un gran terremoto, de tal manera
que los cimientos de la cárcel se sacudían; y al instante se
abrieron todas las puertas, y las cadenas de todos se soltaron.
(Hechos 16:26)

Conoceréis la verdad, y la verdad os hará libres.
(Juan 8:32)

Libérame de mis enemigos, oh Jehová;
en ti me refugio.
(Salmo 143:9)

Todo puedo en Cristo,
que me fortalece.
(Filipenses 4:13)

Antonia Rodríguez (Toña), una costurera de Matanzas, sufrió mucho por causa de su religión. La apodaban La Jehovasuna. Estaba presa por proteger a varios hombres de su familia que pertenecían a las guerrillas campesinas, lo que la convirtió en cómplice. Los milicianos le prendieron fuego a la humilde casa de madera, para que los fugitivos salieran de su escondite. Todas las tardes se veía mirando por una ventana, como quien busca un pedacito de cielo, en silenciosa oración. Era Testigo de Jehová y se negaba a saludar la bandera, por lo que permanecía castigada la mayor parte del tiempo.

Sin embargo, con las santeras y paleras nadie se metía, por miedo a sus trabajos. Para San Lázaro y Santa Bárbara fumaban tabaco y hacían sus rituales con toque de cajón y baile. Y hasta se tiraban los caracoles. Pero yo no sé hasta qué punto podían ser efectivos esos trabajos, porque es bien sabido que en los ritos de Palo Monte no hay sacerdotisas; los paleros siempre son hombres.

No hay que extrañarse; como en la política, en las diferentes religiones las mujeres son relegadas a un segundo plano.

Había también espiritistas que caían en trance, daban despojos y santiguaban usando hierbas y matojos (como saúco, verbena, hierbabuena), y ofrecían consultas espirituales y remedios.

LANCHERAS, BOTERAS O BALSERAS

Lancheros, boteros o balseros: el nombre depende del tipo de embarcación que se utiliza para salir del país clandestinamente. En Cuba ya no hay propietarios de lanchas. Quizás uno que otro pescador tenga un bote. Así que las balsas son las más comunes, baratas y discretas. En su fabricación de tipo artesanal, se utiliza el ingenio y cualquier material que flote bien amarrado. Por su precariedad, las balsas son las más frágiles de estas naves, y miles de cubanos han muerto ahogados o a merced de los tiburones en el intento de emigrar.

La mayoría de los que se arriesgan a hacer tan peligrosa travesía lo hacen por diversas razones: persecución política, en busca de libertades, en busca de una vida de oportunidades para progresar o para reunirse con sus familiares y afectos en el exterior.

En la cárcel conocí a varias lancheras. Eran mujeres que se habían arriesgado en el mar y, en tierra, no le temían a nada. Eran de las más rebeldes, porque su único delito era emigrar. En el frustrado intento de salir del país, algunas habían perdido familiares ahogados o tiroteados, y los sobrevivientes, como ellas, estaban presos. No sé cuál era la peor zozobra: morir ahogada o ver morir a un esposo, un hijo, a la madre... y estar ahora donde la libertad es solo una palabra, un sinónimo de lejanía y desesperanza. ¿Para qué se sigue? ¿Por cuánto tiempo? ¿Cómo se vive con una pena tan profunda como el mar que se llevó lo más querido?

Pilar Mora era una de ellas. Estaba en el pabellón D. Callada, sombría, pensativa, se guardaba las lágrimas para bebérselas a solas. Todas las noches pasaba horas rezando el rosario.

Costa norte de Cuba, estrecho de la Florida. El mar es un cementerio de miles de cubanos que han desaparecido ahogados, como alimento de tiburones o tiroteados tratando de escapar hacia los Estados Unidos.

SOLIDARIDAD

Pilar era hermana de Menelao Mora, mártir de la Revolución, muerto en el ataque a Palacio el 13 de marzo de 1957. Uno de tantos jóvenes revolucionarios que perdieron la vida en la lucha contra Batista.

Pilar vio en el comedor una fotografía de su hermano. Las milicianas anunciaban un acto conmemorativo en recordación de Menelao Mora. Pilar respondió: *¿Menelao? ¡No, ese nunca fue comunista!* Y emprendió el camino de regreso al pabellón D. Rápidamente, las milicianas la agarraron y se la llevaron castigada a Las Tapiadas. Las que estábamos allí protestamos, porque el castigo de Pilar era un abuso. Ella no había hecho nada y más bien era una presa pasiva.

Algunas de las prisioneras pidieron ir con Pilar adonde la llevaran. Y empezaron a meter mujeres en Las Tapiadas. Pero cuando vieron que la solidaridad era masiva y que no cabrían en Las Tapiadas aquellas que pedían correr la misma suerte de Pilar Mora, las milicianas empezaron a golpear, halar pelos y empujar a las presas, para meterlas en sus respectivos pabellones. Ya no hubo acto ni almuerzo. Se hizo un silencio absoluto y pesado en todo el penal; todas estábamos bajo tensión esperando la represalia. Pero ese silencio duró pocos minutos.

Las presas hicimos causa común y golpeábamos las rejas con jarros, platos, palos de escoba, en protesta por los abusos de las milicianas. Todos los pabellones respondieron al toque. El alboroto era general. En menos de dos horas, entraron camiones al penal con refuerzos de milicias fuertemente armadas para controlar el motín. Hubo tiros al aire, para aterrorizar a las presas que, sabiendo de antemano la desigualdad de nuestras fuerzas, respondíamos al fuego, dando lata a las rejas, dando palo a las malditas rejas, dando voces de *¡Abusadores! ¡Asesinos! ¡Criminales! ¡Cobardes!* o llorando y gritando de terror e histeria, porque aquel ruido infernal, donde todo se confundía, parecía el fin del mundo. Aunque no lo era, pues al rato cesaron los disparos, gritos e insultos y se pidió parlamento, porque había algunas heridas.

Ela Bravo, que estaba en el grupo, me contó: *Las del D éramos muy unidas y nos chocó la forma y desproporción del castigo de Pilar Mora. Fue un abuso. Por eso decidimos, en protesta, compartir su destino. El grupo era grande, no las recuerdo a todas, pero estaban Luisa Pérez, Blanca Mencía, María Magdalena Álvarez, Hilda Trujillo, Lilia Pino, María Amalia del Cueto, Alina Hior, Olga Ramos, Isabel Molgado, Griselda Nogueras, Ana María Rojas, María Forjas, Olga Rodríguez, Xiomara Wong, María Noelia Ramírez, Fidelina Suárez, Hilda Pérez, Miriam Ortega y la doctora Caridad Vega... A unas las trasladaron y a otras nos metieron en Las Tapiadas ¡Ya no cabíamos en Las Tapiadas! Para dormir, teníamos que acostarnos en el suelo casi pegadas. La cabeza de una tocaba los pies de otra. Así de terrible era el hacinamiento. Nos tenían en ropa interior. Sin agua para lavarnos ni un poco de algodón para los días de la regla, y además las ratas, cuya madriguera habíamos invadido. Cuando te meten en Las Tapiadas, es por tiempo indefinido: uno, dos o tres meses. Nosotras no sabíamos hasta cuándo iba a durar el castigo. En esas estuvimos tres meses.*

La solidaridad entre las presas se hacía evidente una vez más, lo cual significaba una gran preocupación para las autoridades. Era una forma de resistencia organizada, aun dentro de la cárcel. En consecuencia, el castigo tenía que ser ejemplar, un buen escarmiento.

Los habitantes del pueblo de Guanajay estaban familiarizados con estas movilizaciones de militares, y de inmediato se corría la voz sobre los problemas internos en el penal. Por eso, nos pusieron música de fondo, el disco rallado de "La internacional", más alto que de costumbre, para tapar la bulla del motín y la balacera, y luego los gritos de protesta, como si se pudiera tapar el sol con un dedo.

¡Arriba los pobres del mundo...!

Mientras, sacaban a las pobres del D y a las que protestaron desde otros pabellones a jalones, empujones y uno que otro culatazo. A pura fuerza se iba restableciendo el orden.

Sin embargo, a las heridas no las atendieron de inmediato. Tuvieron que aguantarse por horas, a pesar de los esfuerzos de las compañeras de pabellón, que lo mismo gritaran que rogaran, les hacían caso omiso. Los militares iban a lo suyo.

—¡Estas mujeres se nos van a desangrar!

—¡Que aguanten...!

—¡Coño, no podemos más, hay varias heridas!

—¡Que se jodan, eso les pasa por gallaruzas!

—Por lo que más quieran, estas mujeres necesitan un médico.

—¡No jodan más! Tienen que esperar.

Las milicias querían imponerse; no tuvieron compasión.

A las llaveras, que por lo menos nos conocían, se las había tragado la tierra. Más tarde supimos que estaban en una reunión donde las instruían sobre lo que seguiría una vez retiradas las milicias.

Las instrucciones fueron que hasta que no salieran los refuerzos, no habría traslados a la enfermería. Las compañeras de galera hicieron lo que pudieron por las cabezas rajadas, las fracturas y las magulladuras, pero no estaban preparadas, pues no tenían ningún tipo de desinfectante ni gasas antisépticas.

Y así fue. Mejor tarde que nunca. Una vez partieron los camiones militares (uno de ellos con presas para trasladar), las llaveras aparecieron en el panorama con sus excusas y advirtiendo que no la fuéramos a coger con ellas, que por fin venían a ayudar con las heridas.

Hubo tanto movimiento en la enfermería que tuvieron que acudir a las doctoras y dos enfermeras presas para que ayudaran en la urgencia. Así me lo contaron la doctora Isabel Rodríguez y Silvina, una de las enfermeras asistentes. El único médico para todo el penal no se daba abasto ni en circunstancias normales. No sé su nombre propio, porque se le conocía como el doctor Meprobamato y se las veía negras cuando se le agotaba el suministro de la mágica droga que recetaba tanto para los nervios como para los dolores menstruales, estomacales o de cabeza. Ese ansiolítico era lo único que tenía en el botiquín.

Cesó el ruido, cayó la noche. Parecía una noche como otra cualquiera, y en el silencio del penal podíamos oír los secretos de los grillos, los cucubanos y las ranas. Pero esa noche, estoy segura de que ninguna pudo pegar un ojo.

En los siguientes días, después de los interrogatorios individuales a las presas y varias reuniones de la plana mayor de Guanajay con Manolo Martínez, director de Cárceles y Prisiones, reconocieron el problema de hacinamiento de más de mil mujeres allí metidas y el difícil manejo que para las autoridades significaba esta población. Para remediarlo se dieron una serie de traslados masivos a otras prisiones o granjas. Yo fui a dar a Potosí.

Eventualmente, cuando concluyeron con los traslados de las mujeres, Guanajay se convirtió en una prisión de hombres. La cosa era tener a los presos y a los familiares en la incertidumbre, de un lado para otro, a capricho de Manolo Martínez y a merced del G-2 o Seguridad del Estado.

GRANJA POTOSÍ

Llegamos a Potosí, una cárcel de presas comunes, después de un viaje en camión que parecía interminable. Teníamos solo lo puesto, porque no había espacio para llevar equipaje. De todos modos, até con un paño algunas cosas, y logré conservar mi cuchara, plato y jarro de aluminio; sin ellos no podría comer.

Pensaba que allí empeoraría la escasez de comida, pues quedaba donde el jején puso el huevo. ¿Quién iba a poder ir hasta allá para visitarnos? Además, a Jaime tenían que atenderlo también. Mi hija Grisela se unió a otros familiares de presos que viajaban en grupo para hacer en camión la difícil travesía cordillera arriba, cordillera abajo. La condena de los presos la compartían los familiares, quienes se sacrificaban y exponían para apoyarnos en nuestra desgracia.

Los albergues eran barracas techadas con zinc; las literas se multiplicaban una junto a la otra, teñidas, como todo lo que era de tela, del color rojizo de la tierra. Por la noche hacía un frío espantoso; el zinc convertía la barraca de cemento en una nevera. En contraste, por el día, mientras trabajábamos la tierra, un sol de rajatabla nos castigaba la piel.

Vestíamos sombrero de guano, uniforme de pantalón y mangas largas, para protegernos del sol y de las niguas. La sed era constante y el agua tenía el mismo color y sabor de la tierra.

Trabajábamos jornadas de doce horas, con un receso de una hora en el campo, para almorzar la comida que nos traían en bidones, como para cerdos. Si teníamos ganas, ese era el momento de hacer cualquier necesidad en el sao; una vez pasada esa hora, debíamos continuar de cara al campo mientras hubiera luz. Al anochecer regresábamos a la barraca para asearnos y dormir.

Alicia en Potosí

Así transcurrían los días, sin darnos cuenta del pasar de los meses. En los surcos, a diario coincidía con Luisa Conde y Giraldina Núñez, y aprovechábamos para cambiar impresiones. Pero no podíamos confiarnos mucho, pues la mayoría de las compañeras eran presas comunes y no se sabía quién era quién. A menudo practicaba la introspección. Creo que llegué a extrañar la camaradería de Guanajay.

Yo creía que me iba mal. Sin embargo, luego supe de otras que corrieron peor suerte. Berta Alemán, Sara Carranza, Esther Campos, Dora Delgado, María Amalia Fernández del Cueto,

Miriam Ortega, Mercedes Peña y Ana Lázara Rodríguez fueron trasladadas a La Cabaña, una cárcel bicentenaria de rigor y máxima seguridad en La Habana... de hombres. Era una forma de castigarlas por "plantadas". Estas mujeres tienen especial mérito por no haber cedido en su postura de protesta por las condiciones de las cárceles, a pesar del rigor y las torturas, físicas y mentales, a que fueron sometidas.

En Potosí sufrí en carne propia lo que es el trabajo esclavo. Pero lo pude resistir física y emocionalmente, mientras descubría la fortaleza de mi espíritu, que debía trascender ancestrales dolores producto del cansancio como azote de látigo sobre mis espaldas. Me servía el legado de Faustinita, mi madre, una maestra rural que parió y crió a nueve hijos sin doblegarse ante las adversidades. Más bien el recuerdo que tenía de su voz, de su amada voz, me repetía: *Soy una mujer fuerte.*

Después de Potosí, cualquier otro sitio era mejor: mi espalda no aguantaba más. De todos modos la elección no estaba en mis manos, así que lo tomé como cosa rutinaria cuando me dijeron que recogiera, porque al amanecer me trasladarían a Pinares de Mayarí.

PINARES DE MAYARÍ

Salimos de Potosí a las cuatro de la mañana y dimos rueda el día entero en un camión sin toldo, así que tuvimos de todo para variar: baches, polvo, sol, lluvia y fango. Llegamos al pueblo de Mayarí al oscurecer. Como a las seis de la tarde, los camiones empezaron su ascenso hasta los pinares y, luego de parar en varias granjas que no eran nuestro destino, arribamos a la Neguyen Van Troy.

La miliciana encargada llamaba los nombres de las que se quedaban en cada granja e iba marcando la lista para mantener un control. Cuando nos bajamos, nos dimos cuenta de que Luisa Conde, Giraldina Núñez, Zaida Pullés y yo éramos las únicas presas políticas que quedaban del grupo. Y en medio de la incertidumbre de lo desconocido, nos alegraba saber que continuábamos juntas, porque en aquel gentío no conocíamos a nadie más.

Allí nos dividieron en brigadas de trabajo y nos asignaron a una cabaña de lona y piso de tierra. El alojamiento se planificó con cierta precaución; por cada presa política había tres o cuatro comunes en cada cabaña. Las comunes eran dadas a informar sobre el comportamiento de las políticas, tratando de ganar simpatías o privilegios, así que me estuve con cuidado.

Además de las presas, en otras secciones del campamento había otras poblaciones de mujeres: Brigadas de la Federación de Mujeres Cubanas, de Jóvenes Comunistas o de trabajadoras y estudiantes que aportaban a la producción "de cara al campo". Eran mano de obra barata, al igual que las presas. La única diferencia era que ellas hacían trabajo voluntario, mientras nosotras teníamos clara conciencia de estar obligadas a realizarlo.

La coexistencia con estas poblaciones, aunque era muy relativa, daba la impresión de que no estábamos en cautiverio. Sin embargo, nuestra circulación dentro del campamento estaba restringida a ciertas áreas y, por supuesto, no podíamos salir de allí. En la granja, que era abierta, no teníamos ni llaveras ni escoltas encima de nosotras, como en las cárceles cerradas, pero las encargadas eran milicianas y nos mantenían bajo su control y vigilancia.

Cuando llovía, y eso era a diario, el agua se colaba a chorros en las cabañas, mojándolo todo: literas, ropa, comida. Mientras, esperábamos mojadas que pasara el aguacero. Al escampar, lo sacábamos todo al sol para que se secara. El fanguero era inevitable y peligroso para los huesos. Así que me di a la tarea de levantar un piso con unos recortes de madera conseguidos en los alrededores. Con eso me gané la amistad y admiración de mis nuevas compañeras.

Zaida Pullés fue asignada a la cabaña. Le habían dado electrochoques en el hospital psiquiátrico Mazorra. Por lo mismo, nadie le creía la historia que contaba sobre un novio americano, con quien había estado a punto de casarse, a quien fusilaron por espía.

Los Pullés son de Santiago. El papá trabajaba en el registro demográfico. Gente que conocía de toda la vida. Si Zaida era digna de lástima, más pena daban sus ancianos padres, que no podían con el peso de la cruz que les había tocado. Por eso, en lo que pude, traté de ayudarlos.

Uno de los problemas de la convivencia con la pobre Zaida era que acumulaba una hilera de latas que utilizaba como retretes y no las sacaba de la cabaña, porque le daban asco. Con paciencia, trataba de convencerla para evitar tensiones con las comunes, quienes, con razón, se quejaban de la pestilencia. Por otro lado, nada se adelantaba, porque el asunto de las latas era a diario. Por fin, tuve la suerte de conseguir una lata de galletas vacía con su tapa, que le sirvió de bacín.

No duró mucho en Pinares. La trasladaron a Potosí, porque se negó a trabajar en el campo. *Yo no voy porque se me echan a perder las uñas.* Y sencillamente no iba, sin presentir el alcance de su negativa. Hay quien decía que se hacía la loca.

Antes de irse, Zaida hizo un "testamento" para repartir sus pertenencias entre las presas más allegadas a ella. La lista de los bienes consistía de un cubo, un sombrero de yarey, un jarro, un plato y algunas piezas de vestir. Pero luego se arrepintió de su generosidad y mandó a buscar todo mediante una carta. Claro está, nadie le respondió ni había forma de reintegrarle sus cosas. Más tarde supe de su regreso a Mazorra, lo cual no garantizaba un tratamiento adecuado.

El caso es que Zaida no estaba para estar en Potosí, ni en Pinares, ni en Guanajay, ni en el Vivac; como tampoco la Flor ni Donatién. Eran enfermos, no delincuentes. Y en las cárceles no se les proveía un tratamiento. Otro caso clínico era el de Zoila Águila, La Niña de El Escambray. Le decían así porque había empezado a pelear desde que era una niña en las guerrillas de la zona, en contra de Batista... y después siguió peleando en contra de Fidel Castro. A su marido y compañero de guerrilla lo mataron en combate. Ella llegó a Guanajay embarazada. Vivía anidada en una esquina del pabellón D en su sicosis de guerra. No se bañaba, tenía una costra en todo el cuerpo y el pelo enredado era un criadero de piojos. Acostumbrada a la intemperie, mojaba unos cartones, periódicos y trapos y dormía sobre ellos. Cuando comía, no usaba cubiertos; cogía la comida con las manos. En esas condiciones abortó, sin recibir asistencia médica. Tampoco estaba en nuestras manos ayudarla, porque no hablaba ni se relacionaba con nadie. En fin, pienso que estaba para que la atendieran en un hospital.

∞

El trabajo de las mujeres en Pinares de Mayarí era bestial. Después de la tala de los pinos, nosotras teníamos que arrastrar los troncos hasta el camino; luego, las raíces y ramas más grandes; y por último, los palos sueltos, hasta dejar el campo raso. Esa parte inicial del trabajo era a mano. Luego, a golpe de pico y azadón, preparábamos el terreno en forma de surcos donde sembrábamos, abonábamos y, finalmente, recogíamos los tomates. La cosecha resultaba pobre para los esfuerzos que se habían invertido. Sobre todo, no valía la pena la tala del bosque.

En una ocasión hubo un inusitado movimiento en la granja: limpieza y orden. La granja ideal recibiría la visita de la embajadora de Cuba en Francia, Alba Griñán. Nos conocíamos bien, desde mucho antes de la Revolución, cuando éramos maestras de la Escuela Anexa a la Normal.

Llegó la embajadora. Las milicianas, con aires de conocedoras y doctas, le mostraban "los logros de la Revolución" en la agricultura. De pronto, la embajadora se detuvo; había reconocido a su antigua compañera de trabajo. Como es normal entre dos viejas amigas, me saludó y me abrazó, y ahí fue que se me soltó la lengua:

—Esto es un fracaso, Alba. Este pinar existía cuando Colón llegó a América. Se talaron los pinos para sembrar tomates, y ahora la erosión es tal que cuando llueve el terreno se desliza loma abajo, el agua arrastra las tomateras y se pierde hasta la madre de los tomates.

—¿Y tú qué haces aquí?

—Estoy presa.

—¡¡No me digas!?

Las milicianas que habían permitido el acercamiento, dieron por terminada la conversación al ver la expresión de asombro de la Griñán, e interpusieron un cerco que se cerraba entre ambas, poniendo a la embajadora en el centro de la atención, y dejándome a mí afuera.

Entonces me vino a la mente lo que le había pasado a Miriam Ortega en Guanajay durante una visita de una delegación de periodistas del Partido Laborista Inglés. Las autoridades pasearon a los ingleses por los pabellones de reeducación, donde las presas gozaban de ciertos privilegios, como poderse visitar entre pabellones, salir y entrar del pabellón al patio a voluntad y no estar encerradas adentro con llave excepto en la noche. La dieta constaba de tres comidas balanceadas y provistas por el penal. En fin, los pabellones A (altos), A (bajos), B (altos) y B (bajos) de Guanajay presentados como un modelo de pabellón, el paraíso de las presas.

Después del recorrido a satisfacción de los periodistas y de que tomaran nota de lo bien que estaban las presas en Cuba, Miriam se les acercó y les hizo una sugerencia:

Why don't you ask about Las Tapiadas?

A los periodistas les advirtieron que esa muchacha era una intrigante, que estaba mal de la cabeza, y apenas se fueron, precisamente de cabeza fue a parar Miriam a Las Tapiadas.

En mi caso, me quedé esperando el castigo. Quizás me ayudó la deferencia que la señora embajadora mostró hacia mí.

Más bien, en los próximos días tuve la oportunidad de otra salidita. Nos reunieron a todas para informarnos:

—Habrá en Santiago una concentración masiva en celebración del 26 de Julio. Fidel pronunciará un discurso en conmemoración del XIV aniversario del Asalto al Cuartel Moncada en Santiago. Fidel va a dirigirse a todo el pueblo de Cuba, y para nosotras las mujeres es importante participar, escuchar a nuestro Comandante en Jefe; todas tenemos que ir: las federadas, jóvenes comunistas, estudiantes, maestras, milicianas, e incluso las presas comunes y políticas.

—Las presas queremos saber si es voluntario ir —preguntó una de nosotras, creo que América Quesada.

—Sí, compañera, es voluntario. Pero todas vamos, porque las milicianas no nos queremos perder lo que diga el Comandante. Vaya... es una celebración, así que como la granja se queda sin guarnición, las presas también tendrán que ir. Es uno de los beneficios de estar en una granja abierta.

A las diez de la noche comenzó la organización. En cada camión iban cincuenta o sesenta mujeres, una vigilante por cada nueve. Dos milicianas iban en la cabina del chofer: una responsable de las que vigilaban atrás y la otra, responsable del chofer.

Cuando llegamos al pueblo de Mayarí, se veía venir, desde muy lejos, una fila de cientos de camiones transportando a miles de personas de las diferentes granjas de la zona. Los focos iluminaban la noche como si fuera de día. La cordillera parecía una enorme serpiente deslizándose loma abajo, moviéndose incesante. Llegando a Santiago, la formación fue codo con codo, sin manera de zafarse.

El colmo era que yo, una presa política, estuviera allí. Pero me percaté de la forma en que se lograban esas manifestaciones multitudinarias, luego televisadas en todo el mundo como una muestra de apoyo a la política de Fidel Castro: para toda la población, partidaria o disidente, si estudia o trabaja, era obligatorio asistir.

Ya sabía que en Cuba había que mentir para sobrevivir. No obstante, me aturdían los vivas a la Revolución y que la multitud repitiera orquestada: *¡Fi-del! ¡Fi-del! ¡Fi-del!*

Me inquietaba, además, encontrarme a cuadras de mi casa y no poder ver a mi familia. Una compañera me insinuó, no sé con qué intención, la posibilidad de darme un brinquito allá sin que lo notaran. Pero ya estoy escamada y cojo las cosas con filosofía; mejor estar aquí que en la granja... Y me quedé hasta el último *¡Patria o muerte! ¡Venceremos!*

Faltándome días para cumplir la condena y con la malicia carcelaria que había adquirido, no resbalaba ni con una cáscara de guineo. Ya me habían castigado lo suficiente como para venir a poner la libertad en riesgo.

En la Plaza de Marte las presas esperan el transporte que las regresará a la granja. Sentada junto a una columna, posa Nora Ríos. Y junto a Alicia está Élisa Jaimanera. Las otras presas no las hemos podido identificar.

Mejor me sentí cuando pude ver a mis hijas, a mi nieta Lola de cuatro añitos y a mis fieles vecinas, que se unieron a la concentración para buscarme en medio de la muchedumbre y saludarme, aunque fuese de lejos.

PAR DE CONEXIONES

Sin calendarios ni relojes, nos bastaba la salida del sol para entender el devenir de los días, para saber que un día sucede a la agonía del otro. Las presas llevábamos nuestras cuentas de los años, meses o días que nos faltaban para salir. Mi cuenta era exacta.

En Pinares de Mayarí terminé de cumplir mis cinco años. El día que me tocaba salir, no había ningún oficial autorizado para firmar la libertad. Tenía que ir a Potosí por la firma. Me dieron permiso para salir, pero como allí solo se salía en los camiones de irrigación del Plan, y ese día no tenían que volver al pueblo, no tenía forma de irme.

La paciencia desarrollada durante esos cinco años de nada me sirvió ese día; estaba desesperada por salir. Tenía muy presente aquellos casos en que por alguna situación las cosas se complicaban y las presas acababan con tres o seis meses más en las costillas.

—¿¡Que cómo!? —exclamó solidaria una de las prostitutas, compañera de cabaña. Tomó mi equipaje al hombro y me dijo—: No te preocupes, vieja, que un par de tetas halan más que una yunta de bueyes.

Salimos al camino real y media hora después me encontraba camino a Potosí, gracias a esta mujer de conexiones.

UN DÍA MÁS

Llegué a Potosí de noche. No pude resolver lo de la libertad, porque hasta el otro día no atendían esos trámites. Tendría que pernoctar allí entre presas comunes que no conocía, y estaba erizada. Por suerte, otra prosti, que me reconoció, me dio la mano. Se trataba de Clamidia, jovencita de menos de veinte, pero que ya había perdido hasta el nombre. Hecho que no le molestaba, aunque prefería que la llamaran Clami.

—¡Mi tía! —decía mientras me abrazaba. —Si te hubiera hecho caso no estaría aquí, pero la cabra siempre tira pa'l monte.

Me buscó dónde dormir cerca de ella; les habló a las otras presas con tanto cariño de "su tía" que me cedieron agua para el baño, mosquitero, café y todas las pequeñas comodidades que son tesoros para las presas. A pesar de ser una población de arranca pescuezo, nadie me tocó ni un pelo ni nada de mi reducido equipaje.

Estas mujeres de tan mala calaña y reputación tienen su ética y no olvidan un favor, una palabra amable o el gesto de un buen consejo. ¡Cuánto les debe la sociedad! ¿Qué sucesos habrán marcado una vida que no para de caer de un error en otro?

De todos modos y a pesar de las generosidades de las comunes, la tensión no me dejó pegar un ojo. Más bien estuve atenta a cualquier movimiento extraño. Y en particular recuerdo una de las voces que escuché esa noche.

Yo no me avergüenzo de estar presa, porque estoy aquí por matar a un desgraciao que no respetó la inocencia de mi hija. Imagínate lo que sentí cuando la niña me dijo llorando que el infeliz la había lastimado y que no podía más con el dolor. Ella no sabía ni de lo que estaba hablando. No quise hacer aspavientos para no asustarla más. El desgraciao le había advertido que como me lo dijera me iba a hacer lo mismo a mí. Le puse unas compresas, pero cuando la revisé bien, me di cuenta de que la cosa era de médico. Me la había desbaratao y se iba en sangre. De ese rojo lo vi cuando lo tuve enfrente; tenía el coraje que necesitaba y le metí ocho puñaladas. Ni más ni menos que ocho. Y déjame decirte que no me arrepiento. Más bien me alegro de haberlo dejado muertecito como un puerco, para que no fuera a perjudicar a ninguna otra niña. Poco le hice; el desgraciao se murió casi enseguida.

¡Vaya despedida! Oré toda la noche por las presas, los presos y nuestros familiares. Y di gracias a Dios por los amorosos padres que tuve.

Ya no quería dormir, ya no quería cerrar los ojos. En la prisión no se sueña, sobre todo no se sueña con el día de mañana. La realidad se impone con su lentitud y crudeza. No obstante, al otro día firmaron mi libertad.

Juan y Faustina (padres de Alicia)

LA LIBERTAD

"La libertad" era un papelito incriminatorio de lo más curioso, que transcribimos a continuación para que el lector juzgue por sí mismo las posibilidades que tendríamos después de cumplir.

República de Cuba
MINISTERIO DEL INTERIOR

Centro de Reed. "Potosí" V. Tuna,
29/8/67 "Año de Viet Nam Heroico"

A quien pueda Interesar.

Se hace saber que en el día de hoy ha sido puesta en libertad por motivo de cumplimiento, la Ciudadana Alicia Rodríguez González, la cual se encontraba en este Centro, cumpliendo sanción impuesta por el Trib. Rev. de Stgo. de Cuba, por delito Contra los Poderes del Estado.

Significando que esta reclusa durante su estancia en este Centro ha mantenido buena conducta y disciplina.

Por lo que significamos debe ser ubicada para que se reintegre a nuestra Sociedad.
Revolucionariamente,
Patria o Muerte,

Manuel Reyes Ramos
Director Centro

Todavía no me siento libre. La libertad no es una firma ni un pedazo de papel. Estar libre y ser libre son conceptos distintos y muy distantes uno del otro. *Estar* significa una circunstancia temporal y cambiante, mientras que *ser* describe una característica inherente y esencial. Por ahora, en honor a la verdad, prefiero decir que estoy en la calle.

Tampoco me siento feliz, porque atrás quedan mis compañeras, aunque me las llevo a todas apretujadas en el corazón, junto a mis angustias.

Aproveché el viaje de regreso para despedirme del paisaje. Era la última vez que lo veía y, apenas me alejaba, ya sentía nostalgia. Sí, nostalgia, porque a pesar del sufrimiento, sigo amando esta bendita tierra.

Tú me quieres dejar, yo no quiero sufrir,
contigo me voy, mi santa, aunque me cueste morir.

Paisaje de la sierra Maestra

EL CASTIGO DESPUÉS DEL CASTIGO

En la casa encontré problemas y necesidades. De entrada tenía que luchar. Era inminente sacar a los guajiros de Banes allí asentados que, aparte de no aportar nada, querían quedarse con la casa. En las oficinas de la Reforma Urbana, organismo que se ocupa de la vivienda, me informaron que, en efecto, la casa estaba a mi nombre, pero que tenía una deuda porque en cinco años nadie había pagado la renta estipulada. Me comprometí a pagar la deuda para mantener el derecho a la casa y así no tener que mudarnos o entrar en litigio. Tenía que buscar trabajo de inmediato, porque nuestra tienda y cuentas de banco habían sido confiscadas.

Por otro lado, a una exconvicta no se le permite trabajar en la educación. Mi expediente de maestra había sido destruido. Mis veinticinco años de servicio en el magisterio fueron anulados de un plumazo y no valían ni para tener derecho a una pensión de retiro en la vejez.

Suerte que sabía coser. Para sobrevivir estuve un tiempo haciendo unas jabas de tela que vendíamos en el mercado negro para sostenernos y pagar la deuda de la casa. Mis hijas tuvieron que colaborar y, aunque la chiquita rezongaba, tuvo que aprender a dar algunas puntadas. Jaime seguía preso y dependíamos de nuestras habilidades e ingenio para mantenernos.

Mi familia era conocida en Santiago de Cuba. El comercio y el magisterio nos facilitaron hacer relaciones y amigos. Pero muchos de nuestros amigos, familias enteras, habían salido del país. Otros nos sacaban el cuerpo por temor a ser señalados políticamente y no los juzgo, porque vivir en Cuba es difícil. Aun así, algunos buenos amigos y vecinos nos apoyaron. Entre ellos Mariño, un marinero que conocimos en la Academia Nacional de Patrones, cuando Jaime y yo estudiábamos navegación. Mariño vino a avisarme de una oportunidad de trabajo. El gobierno quería preparar a un grupo de lobos de mar, que ya tenían la práctica navegando, pero les faltaba el título de patrón. La mayor dificultad era que no tenían escolaridad para pasar los exámenes teóricos en la Academia Naval de Mariel. Buscaban a alguien con mi experiencia académica en pedagogía y con el título de patrón de cabotaje. Eso sí, Mariño me advirtió que en la entrevista no dijera que había estado presa.

No podía dejar pasar una oportunidad con un salario de técnico. Le metí el hombro al trabajo enseñando, embarcándome en viajes de práctica con el grupo de marinos, y después de un año de preparación, finalmente fui con ellos a examinar a la Academia Naval. Los oficiales nos recibieron cortésmente y mis alumnos tomaron sus exámenes. Pero antes de nuestro regreso a Santiago, un oficial de la marina se reunió conmigo para informarme que me habían investigado y se supo que había sido presa política, por lo que no era posible que siguiera en el puesto. Me quedó claro que con mis antecedentes, no había mucho que pudiera hacer en Cuba.

El hostigamiento del G-2 continuaba con visitas y registros periódicos a mi casa. Se metían hasta en la cocina para ver cuántos vasos teníamos, para verificar cuántas personas vivíamos en la casa. De igual modo verificaban en los baños el número de cepillos de dientes. Esto era todos los meses, y llenaban un cuestionario de información sobre las actividades de todos los miembros de la familia.

Mis hijas no tendrían futuro en Cuba. Por discrimen político no tenían derecho a una educación universitaria. Además, mi hijo Iván había regresado de la guerra de Vietnam y vivía en Nueva York, en los Estados Unidos. Necesitaba buscarlo. En fin, tenía que hacer lo que fuese necesario para reunificar a mi familia.

Así es que luego vino el exilio... que no es parte de los cinco años y un día de mi presidio político, pero lo menciono para que el lector sepa que en cualquier esquina del mundo donde pisaron mis pies se habló de Cuba y de mis hermanas, las presas políticas que llevo en el corazón.

No obstante, en el extranjero hay una admiración ciega por la Revolución y la mayoría de la gente no sabe lo que se vive en Cuba. La opinión generalizada es que los exilados exageramos y que salimos de Cuba porque quisimos, por razones meramente económicas. Yo nunca hubiera dejado mi patria, pero no me quedó otra alternativa. Prácticamente el gobierno nos orilló a salir del país.

Llegamos a Nueva York en 1970 con lo puesto. Con 56 años, edad en la que la mayoría de las personas están pensando en el retiro, enfrentaba el reto de comenzar una nueva vida. Jaime no pudo salir. Me tocaba a mí sola sacar adelante a nuestra hija adolescente, sin dejar de apoyar a Gris en la crianza de Lola.

Tuvimos que estudiar el idioma inglés. The State University of New York convalidó mi doctorado en pedagogía y me otorgó un bachillerato. Con ese diploma y mi experiencia, pude desempeñarme en el mundo laboral, siempre rompiendo barreras (la del idioma, la de fríos inviernos y la de la edad). Y aunque estaba dispuesta a aceptar cualquier tipo de trabajo, no siempre tuve empleo.

Una época de éxito en Nueva York fue cuando dirigí el Centro de Información de la Iglesia Metodista de Long Island, donde orientábamos a inmigrantes hispanos, logrando que muchos consiguieran su residencia o la ciudadanía americana. Era una forma de trabajar por la libertad y los derechos de mis hermanos latinos.

Aunque ese trabajo me llenaba, mi corazón seguía encaprichado con volver a enseñar. En Nueva York se me hacía imposible por mi pobre conocimiento del idioma inglés y el marcado acento que tenía al hablar. En 1977 decidí aventurarme y volví a trabajar como maestra en la Escuela Elemental de la Iglesia Metodista San Juan Moderno, en San Juan de Puerto Rico, solo para comprender que ya no estaba para esos trotes. En el 78 regresé a Nueva York, siempre tratando de encontrar un sitio que pudiera sentir como mi hogar.

Alicia en el Centro de Información en Nueva York

En 1980, con la experiencia adquirida en el Centro de Información, tuve la oportunidad de hacer trabajo voluntario para ayudar a mis hermanos cubanos del éxodo del Mariel, que llegaron a los Estados Unidos buscando libertad y respeto, ya que la mayoría de ellos eran víctimas de discrimen por haber sido exconvictos o por homofobia. Les conseguíamos ropa, techo, empleo y, si era necesario, asistencia médica y psicológica. La comunidad cubana en el exilio se unió para cooperar con este nuevo grupo de refugiados recién llegados a los Estados Unidos.

Después de mi retiro, en 1990, me radiqué definitivamente en Puerto Rico. Como todo extranjero en tierra extraña, hemos luchado contra la pobreza y la soledad. Hemos salido adelante, pero siempre haciendo un esfuerzo extraordinario. No he acumulado riquezas materiales; mi tesoro son mis nietos: Lola, Leonardo, Andria e Isa. Ellos han heredado la libertad que soñé.

El deterioro y las enfermedades que sufro en mi vejez son la secuela del castigo a que fui sometida. Y no se me quita este sentimiento de no olvidar lo que más me duele, porque todavía no me curo del terror que viví en las cárceles de Cuba. Sé que la historia no termina, que en Cuba las cárceles siguen llenas, que hay muchos lugares de nuestra geografía donde miles de mujeres siguen sometidas al rigor, al maltrato, a los más sórdidos vejámenes y violaciones de sus derechos... y, lo que es peor, al olvido de todos.

Se dice y no se cree, porque la historia verdadera parece una absurda exageración. Solo las que lo vivimos sabemos que es así. La cárcel fue una experiencia negativa, un robo de tiempo a mi vida. ¿Qué lecciones aprendí en el encierro? Los trucos de supervivencia: a pensar en cosas oportunas mientras se matan las ratas a escobazos, a asperjar con sal la ruta de las ranas para alejarlas, a lavar la ropa con sal y limón para blanquearla, a planchar los uniformes sin plancha, a deshilachar las toallas para hacer macramé con el hilo, a hablar en señas, a hacer una hornilla eléctrica con un ladrillo y una resistencia china y, sobre todo, a tener una gran resistencia cubana para combatir la proliferación de una estirpe de dictadores gestados en incubadora.

En mi ser no cabe el arrepentimiento, porque nunca me he sentido culpable. Volvería a sacrificarlo todo por ver a Cuba libre. Para el pueblo cubano, la libertad no ha dejado de ser un sueño, un hermoso sueño, al cual no debemos ni podemos renunciar, porque ser libres ha sido nuestra vocación.

¡Abajo la dictadura!

¡Abajo la tiranía!

¡Que viva Cuba libre!

Por mi parte, ver estas líneas escritas me ha devuelto una energía especial, cierto alivio para luchar contra el cansancio de mis huesos, al verme volcada hacia lo que yo quería: dejar testimonio de la pesadilla que viví en prisión. Ahora siento que verdaderamente he cumplido. Estoy lista para el último traslado y no necesito equipaje.

LIBRE

En sus últimos años de vida, acompañé a mi madre. Esa cercanía física y espiritual me permitió escuchar, una y otra vez, sus memorias. Cuando Alicia partió, yo estaba con ella. Aquel espíritu luchador, aguerrido, se aferraba a la vida. A pesar de las enfermedades y el dolor, se negaba a morir. Fue el cuerpo el que expiró, dejándola en libertad.

Q. E. P. D.

Alicia Rodríguez González

(27 de octubre de 1914 – 19 de septiembre de 2010)

ÍNDICE ONOMÁSTICO DE PATRIOTAS

Rodríguez San Román, Aracelis: 69-70
Rodríguez San Román, Gerardo: 69
Rodríguez San Román, Gilberto: 69
Rodríguez San Román, Rodolfo: 69
Rodríguez San Román, Tebelio: 69
Rojas, Ana María: 132
Roque, Caridad: 64
Rosselló, Margot: 64
Rosselló, Mercedes: 65
Saavedra, Francisca: 52
Sainz, Blanca: 51
Sainz, Perfecto: 51
Salgado O'Reilly, Rómulo: 33-36
Salvador, David: 72
Sardiñas, Dolores (Lolita): 94-96
Setién Verdecia, José: 7, 33-36
Setién Fernández, Giraldo: 7, 33-36
Sosa, Adria: 26, 64
Sotús, Jorge: 72, 73
Suárez, Fidelina: 132
Trujillo, Hilda: 132
Turiño, Lila: 124
Vázquez González, Olivia: 67
Vega, Caridad: 87, 132
Verdecia Milanés, Gerardo: 33-36
Vidal, Teresita: 65
Vido Serret, Hilda María: 80
Vigueras Leal, Ramón: 33-36
Wong, Xiomara: 132
Yauger Escalona, Radamés: 33-36
Yauró, Mercedes: 69

GLOSARIO DE CUBANISMOS Y EXPRESIONES IDIOMÁTICAS

A

aplatanado(-a). Extranjero(-a) que se ha adaptado por completo a las costumbres y modo de hablar del país, al extremo en que se le puede confundir con un nativo.

a paso de conga. Rápidamente.

arranca pescuezo. Difícil. Criminal.

atol. Atole. Bebida que se hace con harina disuelta en agua hervida.

B

bidón. Latón.

bocabajo. Tortura a que eran sometidos los esclavos negros en Cuba.

bola. Rumor que corre.

bolita. Especie de lotería.

bolitera, bolitero. Alguien que vende números para el sorteo de la bolita.

bronca. Pelea, riña.

C

cachapera. Despectivo para referirse a las lesbianas.

cachimba. Pipa de fumar.

Cachita, Cacha. Apodo de Caridad. Muy popular en Cuba, por la Virgen de la Caridad del Cobre, patrona de Cuba.

calera. Fábrica de cal.

capear. Entretener con engaños y evasivas. Eludir el mal momento. Eludir el mal tiempo.

chiripa. Coincidencia favorable.

chivatazo. Información dada por un soplón.

chivatería. Acción de indagar para informar a las autoridades.

chivato (-a). Delator. Soplón. Informante.

cerrar el libro. Cerrar las piernas al sentarse.

colgarse. Ahorcarse. Reprobar.

comerse la guácima. Faltar a la escuela. Cortar clases.

comerse un cable. Pasarla mal. Sufrir.

D

de carretilla. Rápido. Sin parar.

donde el jején puso el huevo. Lugar remoto y oculto.

E

echar flores. Decir malas palabras.

embarque. Un engaño.

en las costillas. Encima.

estar en capilla. Estar próximo a la ejecución de la pena de muerte.

G

G-2. Organismo o agente de Seguridad del Estado del Ministerio del Interior en Cuba.

gallaruza. Expresión despectiva. Mujer que pelea como si fuera un gallo.

guachipupa. Atol de harina de maíz o trigo con agua.

guagua. Autobús. Ómnibus.

guajiro(-a). Campesino(-a).

guasasa. Mosquito que vive en enjambres en lugares húmedos y sombríos.

guano. Varias especies de palma que se utilizan para fabricar sombreros y techar bohíos.

gusano(-a). Contrarrevolucionario(-a).

H

hablar como un cao. Hablar mucho y sin parar.

J

jaba. Especie de cesta que se hace de varios materiales como yagua, yute y yarey tejido.

jején. Insecto.

jugar agua. Bañarse.

L

lanchero(-a). Quien sale o intenta salir del país en una lancha. Botero.

levantar una vara del suelo. Crecer un poco.

M

manicheo. Mal manejo administrativo.

manigua. Terreno de Cuba cubierto de maleza.

matar el macho. Tener la primera menstruación.

N

nigua. Insecto parecido a la pulga, que habita en el campo y se introduce en la piel de las personas y animales causando ardor y picazón.

P

palero(-a). Se dedican al curanderismo, lo que hace que a veces se les confunda con santeros, que se dedican a consultar, hacer trabajos o recetarlos. Practicante de la Regla de Palo Monte.

pan con timba. Emparedado de pasta de guayaba.

papa caliente. Algo o alguien problemático. Difícil de tolerar.

peletería. Tienda que se dedica a la venta de zapatos.

plantado(-a). Preso(-a) rebelde o que participa en un plante.

plante. Motín o protesta de presos.

Q

querido(-a). Amante.

R

repellar. Reparar una pared con pelladas de cal o cemento. Rozar las nalgas.

réquete. Muy, más que.

resbalar. Cometer un error.

resistencia eléctrica. Elemento que se utiliza en electrodomésticos (como planchas, cafeteras y hornos) para generar calor. En Cuba se utilizan las resistencias hechas en China.

reverbero. Fogón rudimentario.

S

santero(-a). Practicante de la Regla de Ocha o santería (de origen yoruba).

sao. La maleza silvestre.

sin beberla ni comerla. Sin razón.

T

tener la cachimba llena de tierra. Llegar al límite de la paciencia.

tirar los caracoles. Práctica de santería.

tortillera. Despectivo para referirse a las lesbianas.

tostarse. Volverse loco. Perder la razón.

trajinar. Estar en el trajín. Andar de un sitio a otro, con cualquier ocupación.

Tricontinental. La Primera Conferencia Tricontinental (Habana, 1966) convocó a representantes de África, Asia y América Latina, y en la que Fidel Castro propuso su política internacional.

U

UMAP. Siglas de las Unidades Militares de Ayuda a la Producción. Funcionó desde 1964 a 1966. Miles de hombres fueron castigados con trabajos forzados en los campos de Camagüey.

V

vejigo(-a). Inmaduro(-a). Se usa en Cuba como despectivo de niño o niña.

Y

yagua. Tejido fibroso, base de la penca, que forma el cogollo o parte superior y más tierna del tronco de la palma real. La yagua seca, que se desprende espontáneamente de la palma, tiene múltiples usos: como envoltura de los tercios de tabaco, para techos de bohío, para tiras o ariques para atar, etc.

yarey. Planta de la familia de las palmas, cuya hoja se seca y se utiliza en la fabricación de sombreros y jabas.

yute. Materia textil que se saca de la corteza interior de una planta tiliácea. Tela hecha de este material.

39454975R00102

Made in the USA
Charleston, SC
10 March 2015